공무원에 맞는
멘토링 리더십

2

공무원에 맞는
멘토링 리더십

류재석 지음

이담
Books

이 도서는 ㈜나날과 행정안전부 지방행정연수원과 합작으로 행정 안전부 공무원 Cyber 교육 과목으로 개발하면서 작성한 원고에 보완해서 책자로 편집했다.

이 도서는 멘토링 15개의 사례와 45개 문답을 중심으로 공무원에게 문답식으로 알기 쉽게 기술하였다.

구체적으로 멘토링 원리와 유래에 관한 기본이해와 멘토/멘제의 역할, 멘토링 실행단계, 멘토링 활동 기술, 멘토링 인재개발게임, 그리고 멘토링 성공전략을 다루었다.

현재 노동부, 농림수산부, 지식경제부, 행정안전부, 교육과학부에서 사용하고 있는 강의교재 및 컨설팅 자료를 보완하여 공무원 멘토링의 중요성과 효과적인 운영 제도를 체계적으로 소개했다.

(1) 공무원 멘토링 안내

멘토링은 인간의 특성을 연구하고 그 역량을 개발하여 차세대 리더로 세우는 인간경영 프로그램이다.

이 도서는 멘토링 15개의 사례와 45개 문답을 중심으로 공직자에게 알기 쉬운 내용으로 기술하였다.

구체적으로 멘토링 원리와 유래에 관한 기본이해와 멘토/멘제의 역할, 멘토링 실행단계, 멘토링 활동 기술, 멘토링 인재개발게임, 그리고 멘토링 성공전략을 다루었다.

특히 현재 노동부, 농림수산부, 지식경제부, 행정안전부, 교육과학부에서 현재 강의교재 및 컨설팅 도구로 활용하고 있는 자료를 참고로 하여 공무원 조직에서 멘토링의 중요성과 효과적인 운영제도를 체계적으로 소개했다.

(2) 멘토링 5가지 특징

① 멘토링의 이념(Idealogy) - 인간존중에서부터 출발한다.
② 멘토링의 정의(Definition) - 멘토와 멘제의 인간관계를 촉진하는 데 있다.
③ 멘토링의 목적 - 멘제를 차세대 리더로 세우는 일(Standing Together)이다.
　목적: 차세대 리더 개발 - 멘제를 멘토로 재생산(Reproducting)
　목표: 1) 개인목표 - 인격개발 - 인격을 갖춘 리더로 성장하여

자아실현 계기 마련

    2) 조직목표 - 성과개발 - 인간성 바탕 위에 생산성과를
얻는 계기 마련

④ 멘토링의 내용(Contents) - 인격(知, 情, 意) 자체다.

⑤ 멘토링의 전략(Strategy) - 멘제 중심의 1:1(One to One) 서비
스를 말한다.

(3) 공무원 멘토링 성공전략

일반적으로 상하 직급 체계가 분명한 공공기관을 경직된 조직이
라고 한다. 상하 간에 대화가 부족하고 부서 간에 업무 협조와 소
통이 인색하다는 의미다.

공공기관에서 멘토링은 인간성 경영 프로그램으로 상하 간의 원
활한 대화와 멘토와 멘제 간의 횡적인 연결로 부서 간 소통과 화
합을 함께 이룰 수 있어 업무 능률 향상과 유연한 조직화의 효과
를 기대할 수 있다.

기관 멘토링의 목적은 멘토링 활동 프로그램을 전문가적인 입장
에서 체계적으로 관리하여 투자(사람투자, 시간투자, 자금투자 등)
에 상응한 효과를 얻기 위하여 표준화 프로그램으로 인간성 바탕
위에 저비용 고효율의 업무성과를 얻고자 함이 목적이다.

Module 1 Story 멘토링 원리 이해

멘토링은 인간의 특성을 연구하고 그 역량을 개발하여 차세대 리더로 세우는 일이다. 구체적으로 멘토링 프로그램은 왕자를 현명한 왕으로 업그레이드시키는 고품질의 인재개발에서부터 출발한다. 여기에서는 현대에서 멘토링의 의미, 멘토링 유래와 원리, 멘토의 역할에 대하여 3가지 테마를 다루었다.

Theme 1 멘토링 현대적 의미

Theme 2 멘토링 유래와 발달

Theme 3 멘토 역할과 수칙

Module 2 Step 멘토링 실행단계

멘토링 활동은 교육이라기보다는 멘토와 멘제가 현장에서 활동하는 프로그램이다. 먼저 멘토 중심으로 6가지 단계 활동과 실행차원에서 두 가지 활동으로 개인 활동, 그룹 활동을 소개했다. 가장 멘토/멘제가 어렵게 여기는 미팅 시나리오를 제공하여 미팅 당일 체계적으로 활동할 수 있도록 안내했다.

Theme 4 멘토링 활동 – 6 Step

Theme 5 멘토링 활동 유형 모델

Theme 6 멘토링 미팅 실행단계

Module 3 Skill 멘토링 활동기술

멘토링 활동에서 성공요인은 조직에서 철저한 관리가 아니라 멘토의 자생력이다. 일정기간 동안 상대방 멘제에게 멘토가 스스로 익힌 기술로 얼마나 영향력을 발휘할 수 있는가가 제일 중요하다. 여기에서 멘토링 활동을 촉진하기 위한 관계개발 기술로 소통기술, 경청기술, 문제 해결 기술 등 3가지를 소개했다.

Theme 7 멘토링 소통 촉진 Skill

Theme 8 멘토링 경청 촉진 Skill

Theme 9 멘토링 문제 해결 Skill

Module 4 Game 멘토링 개발게임

한국인 정서에 맞게 개발된 멘토링 게임은 먼저 멘토링에 참여하는 멘토/멘제의 개인개발에 초점을 두고 자신의 가치가 업그레이드되는 과정을 체험함으로써 멘토링 활동에 몰입도를 극대화하여 자생력으로 멘토링을 진행하고자 하는 프로그램이다. Workshop 형태로 진행되는 성격개발게임, 인격개발게임, 감성개방게임을 통하여 멘토/멘제의 인간 성장을 학습 목표로 한다.

Theme 10 멘토링 성격 개발 게임

Theme 11 멘토링 감성 개발 게임

Theme 12 멘토링 인격 개발 게임

Module 5 Strategy 멘토링 운영전략

조직 멘토링에 관한 시스템 구축과 운영방법을 다루면서 특히 조직에 적용되는 제도적 멘토링의 목적을 투자(인력투자, 자금투자, 시간투자 등)의 관점에서 인간성 바탕 위에 업무생산성 효과를 확보하는 데 두었다. 여기에서는 실전 성공전략, 생산성 확보 전략, 그리고 종합평가로 정량평가 및 정성평가 방법을 다루었다.

Theme 13 멘토링 실정 성공전략

Theme 14 멘토링 생산 효과전략

Theme 15 멘토링 평가 실무전략

 ## 이 책의 기대효과(Effects)

(1) 공공조직의 계급의식

상하 간 계급의식으로 대화 장벽이 높다.

기대효과: 멘토링 성격가치 개발 및 관계촉진 기술 기법으로 상하 간 신뢰를 가지고 대화 기술에 효과를 얻을 수 있도록 학습이 이루어진다.

(2) 공공조직의 독점의식

부서 간 업무독점 의식으로 장벽이 높다.

기대효과: 멘토링의 연결을 부서를 초월하여 수평적으로 연결함으로써 타 부서와의 업무가 자동적으로 전략적인 차원에서 협조가 이루어진다.

(3) 공공조직의 신분보장 의식

공무원 신분보장으로 천재로 입사하여 노력하지 않으므로 시간이 갈수록 둔재가 된다.

기대효과: 멘토링의 자율학습과 지식경영으로 멘토와 멘제가 공통활동 목표주제를 가지고 연구하고 문제 해결에 동참함으로써 자연스럽게 자기개발이 이루어진다.

(4) 공공조직의 차별의식

기존 직원의 차별의식으로 신규 직원이 정착하기 어렵다.

기대효과: 신규 직원을 담당한 멘토는 상급자의 의식이 아니라 형님 입장에서 접근함으로써 거부감 없이 조직에 쉽게 정착하며 신규 직원이 담당 멘토와 조직의 특성에 맞는 문화를 구축하는 데 동참자가 된다.

(5) 공공조직의 군림의식

기존의 군림의식으로 대민서비스(봉사) 자세가 익숙하지 않다.

기대효과: 멘토링은 조직에서 주어진 업무뿐만 아니라 구성원이나 대민 고객을 대할 때 인격적인 평등 의식으로 대하게 되므로 결국 멘토 리더십을 통하여 조직 내 구성원이나 대민 고객 만족을 우선하게 되므로 군림보다는 서비스 자세가 자연스럽게 발휘된다.

4 테마별 완전이해 학습도서

공무원 멘토링

각 15개 각 테마별 완전이해 학습 방법 예시

■ 도입사례

1. 도입사례 ½페이지 정도 이해하기 쉬운 사례 소개

■ 생각해 봅시다.

  1. 의견 제시
  2. 학습자 문의성 의견
  3. 전문가 바른 의견 제시

■ 학습개요

■ 학습목표

■ 학습내용

  제1장
  제2장
  제3장

■ 학습하기

각 테마별로 6p 분량의 학습진행

1장 – 학습진행

2장 – 학습진행

3장 – 학습진행

■ 학습정리

■ 학습평가(4지 선다형)
문1   답 번호와 왜 답인가 설명 삽입
문2   답
문3   답

감사말씀

멘토링 코리아 설립 당시(1998. 2. 1) Bob Biehl 박사(美 멘토링 전문가)와 William Gray 교수(加 브리티시 대학)로부터 전화, 이메일, 책자 등의 귀중한 자료를 제공받은 것에 대하여 두 분에게 진심으로 감사드린다.

초창기부터 한국적인 정서에 맞는 올바른 이론 정립과 생산성 확보에 필수적인 실행 프로그램을 개발하는 데 전문연구원으로 동참한 민홍기 박사, 김영회 박사, 최창호 박사, 최명국 박사, 탁충실 위원 그리고 최근에 합류한 김순환 박사, 이제빈 박사, 한광훈 박사, 김해영 박사, 조병용 박사, 김동철 박사, 김성일 군목, 조주영 박사, 홍은경 박사, 안만수 박사, 전종현 위원, 박화현 위원, 문일상 위원에게 감사드린다.

멘토링 자격증을 취득하고 전문업체로 멘토링 보급에 파트너십을 하고 있는 김호정 원장(멘토링솔루션), 이용철 원장(한국멘토링코칭센터), 나병선 대표(멘토링코칭컨설팅), 홍은경 소장(핸즈코리아)과 기타 현장에서 멘토링 보급에 앞장서고 있는 60명 멘토링 지도자에게 감사드린다.

멘토링 불모지 한국에서 정부기관 도입에 앞장선 노동부 부천지청 최광휘 사무관, 농림수산부 신경순 사무관, 지식경제부 김영화 서기관, 행정안전부 이정래 서기관, 그리고 최근 교육과학부 임용우 팀장님께 감사드린다.

멘토링은 저자에게 하나님이 25년 만에 기도의 응답으로 주신 선물(Gift)이다. 이에 감사하는 마음으로 멘토링에 열정을 가지고 다이아몬드와 같은 고품질의 프로그램으로 개발하여 1) 하나님께 영광, 2) 조직개발에 기여, 그리고 3) 많은 사람에게 유익을 주고자 한다(고전 10:31~33).

저자의 멘토로서 8년간 청교도 삶을 각인시킨 (1980~1988)故 김용기 장로님(가나안농군학교 설립자)과 대를 이어 멘토링 관계를 이어 오고 있는 김평일 교장님(가나안농군학교 교장)께 감사드린다.

이 책이 발간되기까지 짧지 않은 세월 속에서 기도의 응원군인 서현교회 김경원 목사님과 성도님들, 그리고 저자의 에너지 근원이 된 아내 임금자를 포함한 가족인 류환, 류현, 한현숙, 류경헌, 류지영, 안성훈에게 감사드린다.

마지막으로 어려운 여건 속에서도 기꺼이 출판을 맡아 수고한 한국학술정보㈜ 임직원님들께 심심한 감사를 드린다.

2009. 01. 01 저자 류재석 드림

차례

Module_1

멘토링은 인간의 특성을 연구하고 그 역량을 개발하여 차세대 리더로 세우는 일이다. 구체적으로 멘토링 프로그램은 왕자를 현명한 왕으로 업그레이드시키는 고품질의 인재개발에서부터 출발한다. 여기에서는 현대에서 멘토링의 의미, 멘토링 유래와 원리, 멘토의 역할에 대하여 3가지 테마를 다루었다.

멘토링의 현대적 의미

■ 도입사례

NO 사례 1 〈노동부 부천지청〉 도입 2006년

1. 멘토링 도입동기

금번 노동부 혁신성과 관리단 지원으로 노동업무의 난이도와 직원들의 업무과중으로 삶의 질이 저하되어 있는 현실을 감안하여 1) 직원들의 역량 개발을 촉진하고, 2) 업무 능력을 향상 시키며, 3) 부서 내 인재경쟁력을 확보하기 위한 차원에서 멘토링 프로젝트를 도입하게 되었다.

2. 추진 시스템 구축

* 추진 지원부서: 노동부 혁신성과 관리단: 정원호 서기관, 김성
  진, 유연희
* 시범 실행부서: 노동부 부천지청 임인주 지청장, 최광휘 과장,
  박은경 계장
* 실행 자문업체: 멘토링코리아(대표 류재식)

3. 추진 기본 사항

(1) 멘토링 영역: 신규직원 정착 및 업무 조기 숙달 멘토링
(2) 멘토링 기간: 8개월 진행
(3) 시행 및 종료: 06. 5. 19일~12/11일 - 8개월 진행
(4) 멘제선발대상: 3/13일 신입직원 20명
(5) 멘토선발대상: 기존 직원 중 우수 및 모범직원 20명

4. 멘토링 효과

(1) 상하 간, 동료 간 인간관계 활성화 촉진이 이루어졌다.
(2) 멘제에게 업무능률 효율성 제고와 업무 조기 숙달이 이루어
    졌다.
(3) 멘토는 부하직원 개발 및 인재개발 리더십이 개발되었다.
(4) 부서 간 장벽이 허물어져 조직구성원 간 융합이 이루어졌다.

(5) 자기중심에서 타인 중심으로 바람직한 조직 문화형성이 되었다.

■ 학습개요

오늘날 멘토링은 인간의 특성을 연구하고 그 역량을 개발하여 차세대 인격적인 리더로 개발하는 인간경영 프로그램이다. 멘토링은 인류 역사 이래로 오늘날까지 사회 구석구석에 적용되어 왔고 미래에서도 인간이 존재하는 한 멘토링 프로그램은 활용될 것으로 예측한다.

■ 학습목표

1. 멘토링에 관한 현대적 의미와 정의를 올바로 이해할 수 있다.
2. 오늘날 멘토링의 특징을 5가지로 설명할 수 있다.
3. 멘토링에 관한 2가지 활동 목적과 2가지 차원에서 효과를 이해할 수 있다.

■ 학습내용

제1장 멘토링의 의미와 정의
제2장 오늘날 멘토링의 특징
제3장 멘토링 활동 목적과 효과

■ 학습하기

제1장 멘토링의 의미와 정의

1. 오늘날 멘토링의 의미

멘토링은 인간을 연구하고 그 잠재역량을 개발하여 차세대 리더로 세우는 인간경영 프로그램이다. 리더십 차원에서 멘토링은 멘토십(mentorship)이라고도 하며, 또한 리더십(leadership), 제자도(discipleship), 따르는 자의 도리(followership) 등과 어울려 함께 언급되기도 하지만 일반적으로 멘토링이라 불린다. 체계적 멘토링의 기본 개념은 경험이 적은 사람들의 기술과 능력을 체계적으로 개발해 주는 인재개발 기법인 것이다.

오늘날 멘토링은 70년대 후반부터 북미지역의 학자들(Howard Hendricks, Robert Clinton, William Gray 등)에 의하여 연구가 활발하게 진행되었다. 특히 Roche 교수(1978, 하버드대)와 Leonard 교수

(2001, 하버드대)는 성공사례를 『하버드비즈니스리뷰』지에 기고하여 사회 각층으로부터 큰 호감을 샀다. Levinson 교수(1979, 예일대)의 저서 『남자의 생의 계절』에서 "멘토가 없는 사람은 부모가 없는 고아와 같다."고 주장함으로써 기업, 학교, 공공기관 등 각 조직에서의 멘토의 필요성이 급부상하게 되었다.

현재 멘토링 프로그램은 기업체, 학교, 공공기관 등에서 널리 활용되고 있다. 특히 최근 신규직원 교육의 일환으로 조직들 사이에 멘토링 프로그램 도입이 확산되고 있는 추세이다. 후견인, 지도사원, 벗바리, 빅브라더, 가디언 등 조직마다 사용하는 명칭은 다르나, 그 근본 목적은 선배 사원들의 적절한 조언과 상담을 통해 신규 직원들의 조직 및 업무에 대한 신속한 적응을 촉진하는 데 있다.

오늘날 지식 위주의 평준화 교육의 현실에서는 인성 중심의 사람다운 사람을 키우기 어렵다. 현재의 교육이 차지하는 위치와 의미를 약화시키지 않고 현장에 최소한 멘토링 체제를 통한 보완이 시급하다고 볼 때 새로운 패러다임의 변화가 있어야 할 것이다.

2. 멘토링의 정의

아래 영문 내용을 살펴보면 미국에서도 아직은 멘토링에 대한 합의된 정의를 정확히 이끌어 내진 못한 상태라고 볼 수 있다.

☞ Mentoring: The most complex of all human activities(The dictionary of occupational titles, a USdept. of labor publication).

또한 우리말로 옮길 만한 적절한 단어를 찾지 못하여 대부분 그대로 사용하고 있다. 이것은 멘토링이 가지고 있는 사상이나 의미가 너무나 다양하여 한마디로 정의하거나 옮긴다는 것이 그만큼 잘못 해석될 위험을 내포하고 있음을 시사한다. 아무리 어렵다 할지라도 정의를 말하지 않고 어떤 주제에 대하여 논한다는 것은 앞으로 전개해야 하는 이야기의 초점을 분명히 할 수 없다고 본다. 오히려 각자의 주장을 통하여 합의된 정의에 조금씩 다가갈 수 있으리라 생각되어 저자는 다음과 같이 3가지로 정의하고자 한다.

첫째, 멘토링은 인간관계(Personal Relationship)이다.

분명한 목적과 의도를 가지고, 도움을 주는 멘토와 도움을 받는 멘제가 1:1로 관계를 맺어 활동을 하는 인간관계이다.

눌째, 멘토링은 상호 유익(Mutual Effects)을 준다.

멘토와 멘제가 수평적인 원칙에서 멘토링하는 동안 상호 간 잠재력이 개발됨으로써 유익을 얻게 된다는 것이다. 이때 분명한 것은 먼저 멘제 개발에 초점을 맞추는 것이어야 한다.

셋째, 멘토링은 약정기간 동안 과정 중심(Process Oriented)이다.

이는 일과성 위주의 행사(Events)가 아니라 멘토와 멘제 간에 약정한 기간 동안에 창의적인 프로그램을 개발하여 계속적으로 과정 과정마다 적용해서 활성화되어야 한다는 것을 의미한다.

이상과 같이 정의를 내리는 이유는 멘토링이 기업에서만 행해지는 활동이 아니라 오히려 학교, 공공기관, 교회 등에서 더욱 활발하게 활용되고 있는 인재개발 방법론으로서 정착되고 있기 때문이다.

제2장 오늘날 멘토링의 특징

멘토링의 특징은 일반 리더십과 멘토링의 차별성과 시너지를 다룬 내용이다. 일반 리더는 양(量) 관리와 멘토는 질(質) 관리로 구분할 수 있으나 상호 시너지(Synergy)로 인재경쟁력을 확보하여 이상적인 유기체 조직을 구축할 수 있다. 조직개발에서는 멘토가 인간성(Humanity)을, 일반리더가 생산성(Productivity) 경영으로 균형경영의 효과를 도출하는 프로그램이다.

1. 멘토링의 이념(Idealogy)

멘토링의 이념은 인간존중에서부터 출발한다. 여기서 인간존중이라는 의미는 멘제의 무한대한 잠재력을 개발해 준다는 것이다. 바로 그냥 놔두면 5% 정도 개발될 잠재역량이 멘토가 관여함으로써 더욱 %를 업그레이드시켜 준다는 것이다(보통사람 5% 개발, 노벨상 수상자 10% 개발, 에디슨 15% 개발).

2. 멘토링의 정의(Definition)

멘토링의 정의는 멘토와 멘제의 인간관계를 촉진한 데 있다. 카네기재단의 발표 자료에 의하면 성공한 사람 10,000명을 상대로 성공요인 설문조사의 결과가 8,500명(85%)이 인간관계에 있다고 대답하고 있다. 국내 직장생활에서 가장 중요하다고 대답한 것이 인간관계가 45%로 제일 높게 나타나고 있다. 그렇다면 멘토와 멘제

간에 어떠한 기준으로 관계가 설정되어야 하는가? 바로 존경과 신뢰관계를 들 수 있다.

3. 멘토링의 목적과 목표

멘토링의 목적은 멘제를 차세대 리더로 세우는 일(Standing Together)이다. 리더라는 개념은 사회적으로 위대한 지도자라는 뜻도 있지만 제도적 멘토링에서는 도움을 받는 멘제가 훗날 도움을 주는 멘토로 삶의 태도가 바뀌는 것을 말한다. 조직에서의 목표는 바로 멘제가 멘토로 변하므로 중간지도자를 개발하게 되는데 결국 인재경쟁력을 확보하게 되는 것을 의미하고 개인에서 목표는 인격가치를 업그레이드하는 것이 목표다.

목적: 차세대 리더개발 – 멘제를 멘토로 재생산(Reproducting)

목표: 1) 개인목표 – 인격개발 – 인격을 갖춘 리더로 성장하여 자아실현 계기 마련.

2) 조직목표 – 성과개발 – 인간성 바탕 위에 각 조직별로 경영/교육/목회/업무 효과를 얻는 계기 마련.

4. 멘토링의 내용(Contents)

멘토링 핵심 내용(Contents)은 인격(知, 情, 意) 자체다. 그러므로 멘토링 활동은 바로 지적(知的)에 치우친 지식이나 기술보다는 전인적인 삶으로 조언해 주는 인재개발이 되어야 한다. 그 기원은 그리스신화에서 멘토(Mentor) 스승이 텔레마쿠스(Telemachus) 왕자를 20년간 멘토링할 때 교재로 수학(知를 상징), 철학(情을 상징),

논리학(意를 상징)을 사용했다는 데서 기인한다.

5. 멘토링의 전략(Strategy)

멘토링의 전략은 멘제 중심의 1:1(One to One) 서비스를 말한다. 멘제 중심의 서비스란 일반 리더십이나 유사 멘토링에서 리더 중심으로 리더 1에 소그룹으로 활동이 이뤄지는 것과 큰 차이가 있는 것이다. 그러므로 멘제 중심의 1:1 의미는 멘제 1에 멘토 1, 멘토 2, 멘토 3 등을 의미한다. 언제나 멘제는 1이라는 개념이다.

제3장 멘토링의 활동 목적과 효과

1. 멘토링 활동 목적

멘토링은 멘토와 멘제가 먼저 인간관계를 활성화하여 인간성 바탕 위에, 그 다음 조직의 목표인 생산성 효과를 얻는 인성 위주 경영 프로그램인 것이다.

1) 현재 업무능력 향상과 인재개발에 집중하도록 돕는다.

멘토링은 직원의 잘못된 습관을 바로잡고 개인적인 우정을 다지는 등 직원의 일상생활을 바로잡는 일이 아니라, 직원의 인성 중심에서 행동을 파악하고 동기를 이해하는 일에 집중한다. 멘토는 인간성을 최우선으로 하여 업무 성과를 챙기고 조직 환경이라는 범위 안에서 활동한다.

2) 멘토링은 전인적인 결과에 집중한다.

멘토는 직원의 전인적인 차원에서 활동하며 겸해서 업무와 그 결과를 기준으로 평가 및 보상을 제공한다. 직원을 멘토링하고 책임을 위임하더라도 최종 결과에 집중하는 것이 중요하다. 따라서 멘토는 다음과 같은 행동을 취해야 한다.

가. 인식하라.

멘토링 활동에 인력과 시간을 투자하여 성취해야 할 일을 정확히 인식한다.

나. 공정하게 대하라.

상황이 항상 계획한 대로 진행되지는 않으며 멘제는 각기 다른 속도와 방식으로 일하는 독특한 인격체라는 사실을 명심하여 언제나 직원을 공정하게 대한다.

다. 곁에 있어라.

모든 프로젝트와 임무가 진행될 때, 멘토는 처음부터 끝까지 멘제와 함께 있도록 한다.

2. 멘토링 활동 효과

멘토링 제도는 조직은 물론 멘토나 멘제에게 많은 이점을 제공해 줄 수 있다. 몇 가지 대표적인 멘토링 제도의 효과를 살펴보면 다음과 같다.

1) 조직 차원

첫째, 지식 이전이다. 멘토링은 멘토의 머릿속에 가지고 있는 지식을 멘제에게 이전시켜 줌으로써, 특정 사람이 조직을 떠나더라도 조직 내에 중요한 지식을 남겨 두는 효과가 있다. 특히, 업무 현장에서 1:1로 직접 상호 작용하면서 실시간으로 업무 관련 지식과 노하우를 전달해 주기 때문에 일반 교육 훈련보다 비용도 적게 들고 학습 효과도 더욱 크다는 이점이 있다.

둘째, 조직의 핵심 가치나 조직 문화를 강화/유지하는 데 기여할 수 있다. 멘토링은 공통의 문화적 가치나 조직이 기대하는 바를 구성원들의 마음속에 심어 줌으로써, 공동체 의식과 조직에 대한 몰입을 강화시키는 효과가 있다. 이러한 멘토링 기능은 조직의 가치나 문화가 흔들리기 쉬운 급격한 조직 변화 시기에 유용하게 활용될 수 있을 것이다.

셋째, 인재 육성이다. 멘토링의 가장 중요한 기능 중의 하나로서 업무에 필요한 기술과 역량을 습득하도록 유도함으로써, 핵심 인력이나 리더를 육성할 수 있다. 선진 조직들의 경우, 멘토링을 인재 육성 프로그램과 전략적으로 연계하여 활용하고 있다.

넷째, 멘토링은 외부 우수 인력의 유치에도 긍정적인 영향을 줄 수 있다. 구성원들의 실력과 시장 가치를 높여 주는 조직은 외부의 우수 인력을 유인하는 데 보다 수월하기 때문이다.

2) 개인 차원

멘토링 제도는 멘토와 멘제 개인 차원에서도 도움을 준다. 우선, 신규 직원이 조직 생활에 신속한 적응을 하는 데 도움을 줄 수 있다. 상사나 동료와의 관계 등과 같은 전반적인 조직 생활이나 담당 업무에 대해 상시적으로 조언을 얻고 대응함으로써, 자신감 있는 조직 생활이 가능하다는 것이다. 또한, 멘토링은 멘제의 능력

개발을 가속화시켜 경력 개발 및 멘제의 시장 가치를 높여 줄 수 있다. 업무 수행 과정에서 멘토와 직접적으로 상호 작용하면서 관련 지식과 스킬을 보다 빨리 습득하여 단기간에 업무 능력을 향상시킬 수 있다. 이를 통해, 조직에서 높은 성과를 발휘할 수 있으며, 승진이나 높은 보상을 받는 등의 이점을 누릴 수 있다.

한편, 멘토링은 멘토에게도 많은 이점을 줄 수 있다. 멘토가 구성원들을 지도/조언하면서 자신의 대인 관계 기술이나 리더십 역량도 향상시키는 효과도 얻을 수 있다. 멘토는 인재 육성 능력뿐만 아니라, 역으로 멘제가 갖고 있는 새로운 지식이나 사고의 다양성노 학습할 수 있는 것이다.

▣ 학습정리

1. 멘토링은 오늘날 인간관계 활성화 프로그램으로 각 조직에 적용할 수 있다.
2. 오늘날 멘토링은 인간존중을 이념으로 조직현장에서 인재개발 프로그램으로 활용할 수 있다.
3. 멘토링은 개인적으로 인간성 개발과 조직적으로는 업무성과 개발에 효과적인 프로그램으로 적용할 수 있다.

■ 학습평가

문1: 멘토링의 3가지 정의에 관한 기술 중 옳지 않는 것은?

① 멘토링은 인간관계(Personal Relationship)이다.

② 멘토링은 상호 유익(Mutual Effects)을 준다.

③ 멘토링은 업무성과(High Performance)를 우선한다.

④ 멘토링은 약정기간 동안 과정 중심(Process Oriented)이다.

(답 ③) 업무성과는 멘토링의 3가지 정의가 아니고 멘토링의 목
　　　표이다.

문2: 멘토링의 5가지 특징 중 옳지 않는 것은?

① 멘토링의 목적은 리더개발이고 목표는 인격개발과 성과개발
　　이다.

② 멘토링의 정의는 멘토와 멘제의 인간관계를 촉진하는 데 있다.

③ 멘토링의 핵심 내용(Contents)은 인격(지 – 知, 정 – 情, 의 –
　　意) 자체다.

④ 멘토링은 인간에게 기술 전수를 우선으로 하는 프로그램이다.

(답 ④) 멘토링은 기술자를 인간으로 만드는 것이 우선이다.

문3: 멘토링의 효과에 관한 기술 중 옳지 않는 것은?

① 멘토링의 효과는 남을 돕는 것이 우선이다.

② 멘토링의 효과는 지식 이전이다.

③ 멘토링의 효과는 인재 육성이다.

④ 멘토링의 효과는 외부 우수 인력의 유치에도 긍정적인 영향

을 줄 수 있다.

(답 ①) 멘토링의 효과 중 남을 돕는 것은 부수적인 것이지 우선
은 될 수 없다.

멘토링의 유래와 중요성

■ 도입사례

NO 사례 2 〈삼양사〉 도입 2002. 7

삼양사는 COO(최고운영책임자)DLS 김원 사장이 직접 나서서 멘토링을 대대적으로 전개하고 있다. 김 사장은 멘토링 발대식 때마다 참가해 『경영자는 이렇게 공부하라』(미야자키 가가야키 지음)이란 책을 직접 나눠 주며 진행과정도 일일이 챙긴다.

삼양사의 특징은 2단계로 나눠 진행한다는 점이다. 먼저 '안정된 생활유도'라는 테마로 6개월간, 이후 '직무역량 향상'으로 6개월간을 운용한다. 멘토는 삼양사 인재 풀에서 행동규범이 바르고 리더십을 소유한 자로 해당 멘제와 10년차 이내인 직원을 선정한다.

평가는 멘토링 전용 홈페이지를 통해 월 단위로 하고, 이를 모아 최종평가를 한다. 월 단위 평가를 통해 가장 우수하다고 판단되는 커플은 '이달의 멘토링 챔피언'으로 선정해 문화상품권 10만 원어치를 포상한다. 2단계 멘토링이 끝나면 최종평가가 이뤄지는데 1, 2차 심사를 통해 최우수커플 1팀과 우수커플 2팀을 뽑는다.

■ 학습개요

본래 호머의 저서 그리스 신화 오디세이에서 멘토(Mentor)라는 스승이 이타카 왕국의 왕자 텔레마쿠스(Telemachus)를 20년 동안 왕으로 성장시킨 데서 비롯한 것이다.

현대에는 사람이 있는 곳은 어디에나 적용되는 1:1(One to One) 리더십으로서 각 조직에 활용되어 인간성 바탕 위에 생산성 효과를 얻고자 하는 인재개발 프로그램이다.

■ 학습목표

1. 멘토링에 관한 유래와 3가지 기본 용어를 이해할 수 있다.
2. 멘토링에 관한 기본이론인 5가지 원리를 설명할 수 있다.

3. 관료조직 문화의 흐름과 멘토링의 중요성을 이해할 수 있다.

■ 학습내용

제1장 멘토링 유래와 용어
제2장 멘토링 원리 기본이해
제3장 공공기관 멘토링의 중요성

■ 학습하기

제1장 멘토링의 유래와 용어

1. 멘토링의 유래

멘토(Mentor)라는 말의 기원은 그리스 신화(BC800년대 저술)에서 비롯된다. 역사에서 멘토링의 가치를 증명하는 일화는 호머의『오디세이아』에 기록되어 있다. 고대 그리스의 이타카 왕국의 왕인 오디세우스가 BC1250년경에 발발한 트로이(troy) 전쟁에 출정하면서, 자신의 아들인 왕자 텔레마쿠스(Telemachus)를 보살펴 달라고 한 친구에게 맡겼는데, 그 친구의 이름이 바로 멘토였다. 그는 오디세이가 전쟁에서 돌아오기까지 20년 동안 텔레마쿠스의 친구,

선생님, 상담자, 때로는 아버지가 되어 그를 잘 돌보아 훌륭한 왕으로 성장시켰다.

그 후로 멘토라는 그의 이름은 지혜와 신뢰로 한 사람의 인생을 이끌어 주는 지도자라는 의미로 사용되었다고 한다. 따라서 멘토는 상대방보다 경험이나 경륜이 많은 사람으로서 상대방의 잠재력을 볼 줄 알며, 그가 자신의 분야에서 꿈과 비전을 이루도록 도움을 주며, 때로는 도전도 해 줄 수 있는 사람. 예를 들면 교사, 인생의 안내자, 본을 보이는 사람, 후원자, 장려자, 비밀까지 털어놓을 수 있는 사람, 스승 등을 들 수 있다.

호머의 이야기는 사회가 멘토링을 촉진한 가장 오래된 사례라고 할 수 있다. 고대 그리스에서는 청년을 연장자와 짝 지우는 관습이 있었는데, 이는 젊은이가 자신의 멘토인 어른으로부터 지식을 전수받고 좋은 점을 본받도록 하기 위함이었다. 이 경우 대개 아버지의 친구나 친척이 젊은이의 멘토로 정해졌다. 그리스인들은 생존의 기본 법칙에 따라 이와 같은 인간관계를 형성했다. 즉, 자신이 존경하는 사람으로부터 기술과 문화, 가치관을 직접 배우도록 한 것이다.

■ 트로이(Troy) 전쟁이란?
미(美)의 여신 아프로디테(영어로는 Venus)는 당대 최고의 미녀로서 스파르타 왕비인 헬레나를 지목했다. 트로이 왕국의 왕자인 파리스가 헬레나 왕비를 납치하는 바람에 격분한 스파르타 메넬라오스 왕은 친구인 오디세우스 왕과 동맹하여 트로이 전쟁을 일으키게 된다. 10년에 걸친 전쟁은 동맹군의 승리로 끝났고 오디세우스 왕은 10년 더 오기아 섬에서 휴양을 취한 후 이미 장성하여 왕이 된 아들 텔레마쿠스의 안내를 받아 귀국하게 된다.

2. 멘토링(Mentoring) 용어

1) 멘토(Mentor) – 도움을 주는 사람이며 '전인적인 삶의 조언자'다.

2) 멘제(Menger) – 도움을 받는 사람이며 상대인 멘토를 통하여 자신의 역량을 개발하고자 하는 사람이다(유사용어 프로테제 Protege(불란서에서 호칭), 멘토링 Mentoree(영국), 멘티 Mentee (미국)).

* 멘제(Menger) – 한국에서 멘토링코리아 프로그램에 의하여 형님 동생이라는 의미로 호칭.

3) 멘토링(Mentoring) – 멘토와 멘제가 특정한 목표를 가지고 활동(Acting)하고 있는 상태를 말한다(Mentor + ing).

■ 멘제(Menger) 의미는?
멘토링코리아에서 한국의 실정에 맞게 형님 동생이라는 의미로 멘제라 호칭한다.
1. 한국적인 형, 동생에서 멘제는 동생(제＝弟), 멘토는 형(兄)을 의미한다.
2. 멘토의 '멘' 자와 프로테제의 '제' 자를 합성한 것이다
3. 멘제(Menger)는 멘토(Mentor)와 수평관계라는 것을 의미한다.

제2장 멘토링 원리 기본이해

멘토링 프로그램은 왕자 교육이라는 고품질의 인재개발에서부터 출발한다. 한 왕자를 위하여 멘토는 20여 년간 인격을 상징한 수학, 철학, 논리학을 교재로 사용하여 전인적인 삶이라는 주제로 지

혜롭고 현명한 왕으로 성장시켰다. 그러한 멘토십의 원리를 알기
쉽게 5가지로 요약한다면

1) 한 사람 멘토(Mentor)와 한 사람 멘제(Menger)를 선정한다.

멘토/멘제를 선정하는 것은 특별한 기준이 있어야 한다. 일반적
으로 아무나 선정하는 것이 아니라 각 조직마다 멘토링 목표에 맞
게 특정한 사람을 멘토와 멘제로 선정한다는 의미가 내포되어 있다.

2) 일정기간 동안 멘제 중심의 1:1 관계를 맺는다.

멘토링 활동에는 조직마다 멘토와 멘제에게 약정한 기간을 설정
해 주어야 한다. 특히 1:1로 연결하고 활동하되 멘제 중심의 활동
이 이루어져야만 올바른 멘토링이라고 볼 수 있다. 당초 왕자 텔
레마쿠스에 초점을 맞추고 멘토 선생이 20년간 집중적으로 열정을
다하여 현명한 지도자로 성장시켰다는 것에 유의해야 한다. 멘토나
리더가 중심이 된다는 것은 멘토링의 활동에서 본질에 크게 벗어
나고 있다는 것을 알아야 한다.

3) 멘토의 역량(Competency)을 최대한 발휘한다.

멘토가 멘제를 위하여 자신의 가장 노하우격인 역량(남이 따를
수 없는 경쟁력 있는 능력)을 발휘하여 멘제를 업그레이드하는 데
전심전력을 다하여야 한다. 멘토와 멘제가 미팅(Meeting) 시 신변
잡기 차원의 모임이라면 효과를 거두기에는 어렵다고 본다. 특히

멘토가 제대로 역량을 갖추고 멘제에게 전이(轉移)가 이뤄진다면 자동적으로 지식경영과 학습조직이 이뤄진다고 볼 수 있다.

4) 멘제의 특성과 잠재력을 개발한다.

멘토링 활동이 성공하려면 가장 중요한 포인트가 멘제의 Data Base를 구축하는 것이다. 개인의 인적사항은 물론이고 상호 간 관계를 더욱 돈독히 하기 위하여 예를 들면 성격분석을 통하여 멘토/멘제 상호 성격의 차이를 극복하는 데 노력하여야 한다. 잠재력이라는 것은 멘토/멘제의 가치개발에 초점을 두되 당초 멘토가 텔레마쿠스에게 20년 동안 교재로 수학, 철학, 논리학을 가르쳤듯이 오늘날 멘토링의 교육훈련의 콘텐츠(Contents)는 인격의 가치를 개발하여 업그레이드하는 데 중점을 두고 있다.

5) 인격을 갖춘 차세대 리더로 세우는 원투원 멘토십이다.

멘토가 멘제를 일정기간 동안 멘토링함에 있어 먼저 자신의 인격 즉 지, 정, 의에 대한 역량을 서비스하는 것이다. 멘제가 인격적으로 업그레이드한다는 뜻은 지적 분야만 힘쓸 것이 아니라 정서 분야, 절제력이나 판단력 분야 등 균형을 맞춰 개발한다는 것이다. 여기서 리더라는 뜻은 두 가지 면으로 생각할 수 있다. 첫째는 위대한 지도자로 사회적으로 큰 영향력을 발휘한다는 것이고, 둘째는 조직 적용 멘토링에서 리더라는 개념은 멘토의 도움을 받은 멘제가 일정기간이 지나서 멘제 자신도 도움을 주는 멘토로 생활 태도가 바뀌는 것을 의미한다.

제3장 공공기관 멘토링 중요성

조직사회 멘토링에서 대면접촉 등 멘토링을 저해하는 가장 큰 장벽은 '조직 문화(organization Culture)'에 있다.

조직문화에 대한 정의는 사람에 따라 다양한 의견을 제시하고 있지만, 일반적으로 조직의 기본 가치나 사상, 운영 방식, 규정 등 조직운영에 대한 구성원들의 공유된 신념이라고 정의할 수 있다.

이러한 조직 문화는 조직 내 구성원들의 생각과 행동에 많은 영향을 미치게 된다. 일반적으로 어느 한 사람의 독특한 생각이나 행동은 조직 내에서 용인받을 수 없기 때문이다.

경영학자인 워라크(Wallach)는 조직 문화를 다음의 도표와 같이 크게 세 가지 유형으로 구분하고 있다.

첫째, '관료적 문화(Bureaucratic Culture)'로서 주로 계층과 서열 의식, 규정과 절차 등을 중시한다.

둘째, '혁신적 문화(Innovation Culture)'로서 주로 성과 창출, 목표 달성, 도전적 모험 등을 중시한다.

셋째, '지원적 문화(Supportive Culture)'로서 주로 상호 협동, 신뢰 존엄성 등을 중시한다.

결국 이러한 각 문화의 특성을 살펴보면, 멘토링 활동에 가장 도움이 되는 것은 바로 지원적 문화임을 알 수 있다. 즉, 지원적 문화로 인해 사람들 간에 수평적, 수직적 커뮤니케이션이 활발해지고, 상호 협동의 문화가 형성될 경우 멘토링의 효과를 높일 수 있기 때문이다.

반면, 지원적 문화의 특성 중 하나인 '개인적 자유의 존중'이 지나칠 경우 멘토링 활동에 방해가 될 수 있다. 개인주의적 문화는 구성원 간의 과당한 경쟁의식을 불러일으켜 대인접촉을 꺼리게 만들기 때문이다.

* 조직문화의 유형별 특징 *

문화 유형	주요특징
관료적 문화	* 위계적 계층 의식 * 구조화된 조직운영, 절차 무시 * 규정, 규칙에 의한 보고 * 권력에 의한 명령과 지휘 체계
혁신적 문화	* 위험 감수 * 결과 성과 지향적 * 업무에 대한 몰입 * 도전적 자세와 분위기 중시 * 목표달성에 대한 강한 의지
지원적 문화	* 대인간 협동 중시 * 인간관계 중시 * 개인적 자유, 존엄성 존중 * 신뢰, 이타주의, 존경심

그런데 오늘날 관료조직의 업무 성향을 보면 점차 지원적 문화보다는 업무성과 등을 중요시하는 혁신적 문화 쪽으로 흐르고 있음을 알 수 있다. 물론 나름의 장점이 있긴 하지만, 혁신적 문화에서는 상대적으로 타인에 대한 진지한 배려나 관심보다는 개인의 업적을 우선시하기 때문에 자칫 지나친 경쟁의식으로 인해 멘토링 활동을 부분적으로 방해할 수 있다.

예를 들어 상사나 팀장의 관계가 철저히 보고나 절차를 통해 형성된다든가, 목표 달성이나 성과 창출 정도 등에 따라 개개인의 업적이 평가될 경우, 수직적으로나 수평적으로 자연스러운 대면접촉이나 정서적인 분위기 조성이 어려워지기 때문이다.

이러한 경우 겉으로는 서로 웃으면서 지낼 수 있지만, 내면적으로는 철저한 권위 의식과 경쟁심이 자리 잡고 있기 때문에 진심으로 서로를 배려하는 유기체 조직을 구축하기 위해서는 관리조직에서는 시스템적으로 접근하는 제도적 멘토링의 중요성이 필수적으로 대두하게 된다.

■ 학습정리

1. 멘토링의 학적인 유래와 오늘날 인재개발의 프로그램으로 각 조직에 적용할 수 있다.
2. 멘토링의 5가지 원리를 통하여 오늘날 1:1 리더십으로 질적으로 인재개발 방법을 조직에서 인재개발 프로그램으로 활용할 수 있다.
3. 관료조직 문화의 방향을 이해하여 멘토링을 적용 시 공공기관에서 효과를 높일 수 있는 프로그램으로 적용할 수 있다.

■ 학습평가

문1: 멘토링의 유래 중 옳지 않는 것은?

① 멘토링은 호머의 그리스 신화(BC800년대 저술)에서 첫 기록을 찾는다.

② 멘토링은 멘토가 왕자를 왕으로 성장시키는 리더 개발에서 유래한다.

③ 멘토링은 BC1250년경 트로이(Troy) 전쟁 발발이 유래가 된다.

④ 멘토링은 멘토가 텔레마쿠스 왕자를 10년 동안 정성껏 보살폈다.

(답 ④) 멘토는 오디세이 왕이 전쟁 10년, 그리고 휴양 10년 등 20년 동안 왕궁을 비운 사이 보살폈다.

문2: 멘토링의 원리 5가지 설명 중 옳지 않는 것은?

① 멘토링은 멘토와 멘제를 특별히 선정하고 1:1로 연결한다.

② 멘토링 활동은 멘토가 아닌 멘제 중심의 리더십이다.

③ 멘토링은 멘토 주관으로 하향식(Top Down) 인재개발 프로그램이다.

④ 멘토링은 인격적인 리더로 세우는 1:1 인재개발 프로그램이다.

(답 ③) 멘토링은 하향식이 아니고 멘제 중심의 상향식(Bottom Up) 인재개발 프로그램이다.

문3: 공공기관 멘토링의 중요성에 관한 옳은 것은?

① 공공기관 멘토링은 유기체 조직을 구축하기 위한 시스템적

접근이 중요하다.

② 공공기관 멘토링은 업무성과 내용이 중요하다.

③ 공공기관 멘토링은 혁신적인 내용이 중요하다.

④ 공공기관 멘토링은 경쟁력을 강화하는 내용이 중요하다.

(답 ①) 관료조직이라는 경직성을 개선하기 위한 유기체 구축을
위한 시스템적 멘토링이 중요하다.

멘토/멘제 역할과 활동수칙

■ 도입사례

NO 사례 3 〈이랜드〉 도입 2002. 5

뉴코아 인수로 유통업계의 다크호스로 떠오른 이랜드는 멘토링 도입도 성공리에 이루어졌다. 2002년도에 도입한 이랜드의 멘토링 제도(KRS = Keyman Reproducing System - 핵심인력재생산)는 선배 사원 멘토에게 다소 버거울 정도의 책임감을 강조하는 것이 특징 이다. 후배사원인 멘제의 육성을 위해 2년간의 로드맵을 직접 작 성하고, 그 기간에 후배사원의 단계별 목표와 성장 측정지표를 설정해 점검하며, 상황에 따라 장·단기 계획을 세우고 수정한다.

또 한 달에 한 번 이상 교류의 시간을 갖고, 이를 기록해야 한다. 이 기록물은 승진심사에 제출하는 필수 서류 중의 하나이다. 따라서 멘토들은 바짝 긴장할 수밖에 없다. 패션브랜드 언더우드의 영업부서장인 정선문 씨는 요즘 멘제인 김성국 씨를 보면 흐뭇하다. 애초에 김 씨를 4년 내 영업부서장으로 성장시키는 목표를 정했는데, 기대한 대로 생활하고 있기 때문이다.

올해 목표는 전라도 지역 영업 총책임자로 키우는 것, 정 부장은 '지금 3년째로 후배사원이 크는 모습을 지켜보는 게 보람'이라며 "내가 자리를 비우거나 나른 부서로 이동하게 됐을 때 믿고 맡길 수 있는 사람을 키워 놓았기에 브랜드 안정화에도 큰 도움이 된다."고 말했다. 이랜드는 KRS 시행 이후 2001년부터 입사 후 1년 내 퇴사율이 이전보다 3% 포인트 낮았다고 한다.

■ 학습개요

당초의 멘토는 왕의 친구, 존경받는 현인, 철학자 등으로 가르치기를 좋아하는 사람으로 알려져 있다. 그 후 멘토는 교사, 인생의 안내자, 본을 보이는 사람, 후원자, 의욕을 고취시키는 사람, 비밀까지도 털어놓을 수 있는 사람, 스승 등으로 소개되어 왔다. 특별히 오늘날 조직에서의 멘토는 멘제를 위하여 전문적인 지원, 정서적인 지원, 윤리적인 지원 즉 전인적인 삶의 조언자로 자리 잡고 있다.

■ 학습목표

1. 멘토 명칭을 그리스신화에서 찾아보고 전인적인 리더 개념으로 이해할 수 있다.
2. 멘토 활동이 기본이 되는 5가지 역할을 설명할 수 있다.
3. 멘토의 20가지 활동수칙과 멘제의 8가지 활동 수칙을 이해할 수 있다.

■ 학습내용

제1장 멘토의 개념
제2장 멘토의 역할
제3장 멘토/멘제의 활동 수칙

■ 학습하기

제1장 멘토의 개념

오디세우스(Oddyseus) 왕은 트로이(Troy) 전쟁(BC1250)에 참전하여 귀환하기까지 20여 년이라는 오랜 세월 동안 이타카 왕궁을 비웠다. 그리고 그가 집으로 돌아왔을 때, 멘토(Mentor)가 텔레마쿠스(Telemachus)를 지혜롭고 현명한 청년으로 키워 놓은 것을 보았다.

호머의 저서 『그리스 신화』(BC800)는 바로 이 시에서 지혜와 예술의 여신 아테나(Athena)가 멘토의 형상을 띤다는 사실도 주목할 만하다. 이것은 우리가 이해하는 몇 가지 재미있는 가능성을 더해준다. 예를 들면, 이 이야기는 오디세우스 왕의 귀환과 동시에 텔레마쿠스 왕자와 함께 원로 간신들과 대항하여 격렬한 싸움을 하는 것으로 끝난다.

그런데 싸움에 참가한 원로 간신들은 대부분은 오디세우스가 오랫동인 집을 비운 사이 그의 왕비 페넬로페(Pelelope)에게 강제로 청혼한 사람들이었다. 아버지와 아들과 군대의 결속력은 아주 강했다. 그래서 그들은 다시 승기를 잡았을 뿐 아니라 적군의 진지를 완전히 쓸어버리겠다고 위협했다. 그러나 장수들이 적군을 쓸어버리려 할 때, 아테나가 나타나 오디세우스에게 전투를 끝낼 것을 요구한다.

"레이어티즈와 나이 든 신들의 아들 오디세우스여, 땅의 길들과 바다의 길들의 주인이여, 당신에게 명하라. 이 전투를 여기에서 그치라고. 그렇지 않으면 넓은 세상을 보시는 제우스(Zeus)께서 화내시리라." 그는 그녀에게 수종했네, 그의 마음은 기뻤다네. 후에 두 진영은 그들의 중재자를 통해 곧 폭풍구름을 방패로 가지신 제우스의 딸 아테나를 통해 평화의 맹세를 하였다네. 하지만 그녀는 여전히 멘토의 형상과 목소리를 가졌다네.

그러므로 멘토는 평화유지, 중재, 공동체의 보존과 관계있는 것으로 보인다. 병사들이 그의 말에 귀를 기울인다. 그는 싸움 위에서 있다. 그리고 그의 지혜(또는 아테나의 지혜)가 그날을 다스린다.

오늘날 멘토라는 용어는 전 세계에 걸쳐 조직, 교육, 정부, 비영리단체 등 모든 분야에서 사용되고 있다. 그렇지만 멘토를 영어가 아닌 다른 언어로 번역할 경우 적절한 단어를 찾지 못해 의미 전달이 제대로 되지 않는 사례가 많다.

멘토라는 말은 무엇을 의미하는 것일까? 멘토링 프로세스상의 다양한 역할에 붙은 명칭을 보면 그 조직의 이념, 스타일, 문화를 알 수 있다. 각각의 역할, 특히 멘토의 역할에 가장 적합한 명칭은 그 조직의 문화에 따라 결정된다. 여기서의 '문화'란 조직 내에서 구성원을 다루는 방식을 규정짓는 공통된 신념과 편견이다.

결론적으로 말한다면, 멘토란 멘제를 학습하고 리더로 성장할 수 있도록 기꺼이 전문적 지원, 정서적 지원, 그리고 윤리적 지원 등 전인적으로 도와주는 사람을 가리키는 것으로서 한 사람의 인생을 바꾸어 놓을 수도 있는 결정적인 멘토링을 행하는 사람이 바로 멘토이다. 멘토링에 대한 정의가 다양한 만큼, 멘토링의 주체가 되는 멘토의 개념 또한 다양하다.

제2장 멘토의 역할

유능한 멘토는 멘제의 상황에 따라 자유자재로 대응방법을 바꿀 수 있는 역량을 필요로 한다. 이러한 멘토가 되기 위하여 갖추어야 할 5가지 역할 멘토 스킬을 소개하면 교육(Teaching)에 대한 스킬, 상담(Counseling)에 대한 스킬, 지도(Coaching)에 대한 스킬, 후원(Sponsoring)에 대한 스킬, 그리고 조정(Confronting)에 대한 스킬이다.

그리고 목표는 한 가지, 멘제의 능력을 개발하고 창의력을 살려 개인적으로는 리더로서 성장할 수 있도록 하며 결국은 조직에 공헌함으로써 조직의 목표인 인적 경쟁력을 확보할 수 있도록 하는 것이다.

1. 교육(Teaching) – 가르치는 교사의 역할이다.

교육을 실시하는 것은 멘제에게 테크닉을 주입시키는 것이 아니다. 교육의 근본은 '너는 우리 가족이다', '너는 해낼 수 있다'는 의식을 깨우치는 것이다. 이 기본만 확실히 되어 있다면, 이후의 기술 습득과정은 60~90% 단축된 것이나 다름없다. 왜냐하면 이 자각이 학습의욕을 불러일으키기 때문이다.

그러나 유의해야 할 점은 '교육'과 '지시 내리는 것'을 혼동하여서는 안 된다. 교육이 일방적인 지시가 되어서는 안 된다는 것이다. 적절한 도구와 행동의 자유를 주어 스스로 해 보도록 하고 결과에 관하여 구체적이고 솔직한 피드백을 해 줌으로써 잠재능력을 향상시키는 것이다. 그러한 잠재능력을 누구나 갖고 있다는 굳은 신념에 입각하여 행동하는 것, 이것이 교육의 진수이다.

2. 상담(Counseling) – 들어주는 상담자의 역할이다.

이제 멘토로서 상담 스킬을 다룬다. 멘토로서 카운슬러의 역할은 멘제가 실력을 마음껏 발휘하는 것을 가로막는 문제를 이해시키고 그 문제의 해결에 도움을 주는 것이다. 시간을 가지고 인내심을 지녀야 한다. 물론 더러는 30분만 들이면 해결할 수 있는 것도 있다.

정보부족이나 단순한 오해에서 비롯된 문제는 쉽게 풀린다. 그러나 훌륭한 기술을 가지고 있음에도 불구하고 팀플레이를 주저하는 멘제를 설득하여 다른 사람과 협력하도록 만들기 위해서는 며칠이나 몇 개월이 걸릴지도 모른다. 카운슬링이란 이러한 여러 가지 문제 상황을 해결해야 하는 '감초'인 것이다.

3. 코치(Coaching) – 같이 뛰어 주고 친목교제를 나누는 코치의 역할이다.

업무를 다루는 코칭과 달리 여기에서 멘토링 코칭(Coaching)은 일반적으로 멘제를 온전한 조직원으로 만들고 적극적으로 조직에 참여하도록 정서적인 친목을 유도하는 것이다.

구체적으로 말하면, 멘제와 친목 교제를 하는 것 즉 업무 가운데서 신뢰를 유지하는 것, 활력을 부여하는 것, 반면 멘제와 업무를 떠나서 인성적인 차원에서 등산, 외식, 영화, 경기관람, 가정방문, 서점방문 등으로 친목을 통하여 마음이 하나가 되는 것이다.

4. 후원(Sponsoring) – 추천하고 신분을 보증해 주는 후원자 역할이다.

후원이란 강력한 훈련을 실시하여 용기를 북돋아 준 다음 멘제가 자신의 힘으로 학습을 수행할 수 있도록 여러 조건을 마련해 주는 것이다.

멘토 후원자는 멘토가 실력을 마음껏 발휘할 수 있도록 장애물을 제거하여 홀로 설 수 있도록 한다.

후원이란 원 투 원(One to One)으로 멘제의 자립성을 개발하는 것이다. 멘토는 멘제의 가이드인 것이다. 멘토는 멘제를 자신의 생각대로 움직이게 하고 싶은 충동에 휩싸이기 마련이다. 그렇지만 이 충동을 뿌리치는 것이 후원자로서 지녀야 할 중요한 마음가짐 중의 하나이다.

멘제와 그 후원자 멘토는 이 기본원리를 제대로 수행할 수 있어야 비로소 승사로 살아남을 수 있다. 멘토로서 후원자는 자발적으로 후원 대상자인 멘제의 활동, 행복, 진보, 성취, 개인적 문제, 장래 희망 등등에 적극적인 관심과 긍정적이면서 남에게 칭찬을 아끼지 말아야 한다.

5. 조정(Confronting) – 맞대면하여 업무 보직적응력에 대한 불만을 해소한다.

멘제의 적응력과 업무 능률을 올리기 위하여 멘토는 모든 수단으로 지원하지만, 효과가 나타나지 않을 경우 멘제의 업무, 보직 상급자까지도 조정을 해 줄 필요가 있다. 그 경우에는 다른 방책을 진지하게 고려할 필요도 있다. 중요한 것은 방관하지 말고 문제를 정면에서 보고 조정해야 한다. 달리 어떤 해결 방법이 있는지 명확히 하고 선택의 폭을 넓히는 것이다.

제3장 멘토/멘제 활동수칙

1. 멘토의 활동 수칙

1) 한 번에 한 사람의 파트너와만 만나라.

   - 대량의 생산은 사람의 개발에 적용되지 않는다.

2) 개인적인 내용은 비밀을 유지하라.

   - 이것에 실패한 멘토는 사람과 신용을 모두 잃는다.

3) 겸손한 마음으로 나는 돕는 역할을 할 뿐임을 알라.

   - 자기를 주입하려 하지 말고 도우라. 그래야 상처가 없다.

4) 멘토 자신이 계속 훈련을 받으며 성장하라.

   - 멘제는 우리의 자라는 모습을 통해 더 격려를 받는다.

5) 말보다는 삶으로 본을 보이라.

   - 멘제는 말보다 멘토의 삶을 통해 변화한다.

6) 상대방에 대한 진지한 사랑과 관심을 가지라. - 멘토링의 기술
   보다는 사람이 더 중요하다.

7) 먼저 들어주고 자세히 관찰하라.

   - 잘 들을 때 멘제의 필요를 빨리 발견할 수 있다.

8) 시간과 약속을 잘 지키라.

   - 약속을 지킬 때 서로의 신뢰가 쌓인다.

9) 언어 사용에 주의하고 예의를 지키라.

   - 언어 사용은 멘토의 인격을 나타내 줄 때가 많다.

10) 물질과 시간을 투자하고 멘토링 활동에 최우선순위를 두라.

   - 투자하는 만큼 열매를 맺는다.

11) 멘토의 모든 활동은 모니터의 지도와 관찰을 받으라.

  - 멘토 자신의 멘토가 모니터임을 기억하라.

12) 함께 목표를 설정하라.

  - 목표가 없으면 두 사람의 만남이 방향을 잃기 쉽다.

13) 어떤 내용을 가지고 교제할지에 대해 정하라.

  - 미리 알 때 기대감이 생기고 준비가 된다.

14) 정규적인 만남을 가지라.

  - 정규적인 만남이 두 사람의 목표를 이룸에 크게 작용한다.

15) 기간을 정하고 시작하라.

  - 일정한 기간이 정해질 때 지루함이 방지되며 계획 설정에
  도움이 된다.

16) 문제 해결에 있어 성인이나 위인들의 말을 인용하라.

  - 성인들의 말을 인용할 때 멘제의 이해의 폭을 넓힌다.

17) 외적인 요소로만 사람을 판단하지 말라.

  - 외형이나 신분에 집착하는 것은 멘토링 활동의 실패원인이다.

18) 적극적인 자세를 가지라.

  - 소극적인 멘토는 멘제의 열심을 끌어내지 못한다.

19) 2, 3개월에 한 번씩 두 사람의 관계를 평가하라.

  - 정기적인 평가는 방향 설정을 재정립해 준다.

20) 멘토링 활동은 가능하면 동성끼리 하라.

  - 서로에게 이성을 느끼는 사이라면 피하는 것이 좋다.

2. 멘제의 활동 수칙

멘토링을 보다 효과적이고 성공적으로 하기 위해서는 멘제가 멘토에게 어떤 자세와 태도를 갖느냐가 중요하다. 다음과 같은 사항들을 염두에 두는 멘토가 더 많은 발전을 하게 된다.

1) 적절한 질문을 하라.
2) 당신이 기대하는 수준을 분명히 하라.
3) 자세를 낮추고 배우는 자의 위치를 받아들여라.
4) 멘토를 존경하되 우상화하지 마라.
5) 배운 것은 즉시 실천하라.
6) 멘토와의 시간을 효율적으로 사용하라.
7) 성장하는 것을 보여 줌으로써 멘토에게 보답하라.
8) 그만두겠다는 말을 조심하라.

■ 학습정리

1. 멘토는 신화에서 신의 보조자, 오늘날은 전인적인 리더로 개념을 정리할 수 있다.
2. 멘토의 5가지 역할을 통하여 개인의 창의력 개발과 조직의 인재경쟁력을 확보하는 인재개발 프로그램으로 활용할 수 있다.
3. 멘토/멘제 활동수칙은 책임의식과 목표달성의 효과를 높일 수 있다.

■ 학습평가

문1: 멘토의 개념정리 중 옳지 않는 것은?

① 초대 멘토는 호머의 그리스 신화에서 신의 보조자다.

② 오늘날 멘토는 전인적인(지, 정, 의=인격)인 리더이다.

③ 멘토는 한 사람의 인생을 바꾸어 놓을 수도 있다.

④ 오늘날 멘토는 조직 현장에서 업무능력을 향상시켜 주는 사람이다.

(답 ④) 업무능력 향상에 우선적인 책임자는 상사, 범상, 리더, 코치다. 멘토는 사람이 우선이고 그 다음 업무를 챙겨 주는 사람이다.

문2: 멘토의 역할 5가지 설명 중 옳지 않는 것은?

① 멘토는 교육(Teaching) - 가르치는 교사의 역할이다.

② 멘토는 마케팅(Marketing) - 판매촉진의 역할이다.

③ 멘토는 상담(Counseling) - 들어주는 상담자의 역할이다.

④ 멘토는 후원(Sponsoring) - 추천하고 신분을 보증해 주는 후원자 역할이다.

(답 ②) 마케팅 기술은 멘토가 멘제에게 전할 수 있으나 5가지 역할 중에는 들어가지 않는다.

문3: 멘토/멘제 활동수칙 설명 중 옳지 않는 것은?

① 멘토 - 한 번에 한 사람의 파트너와만 만나라.

② 멘토 – 개인적인 내용은 비밀을 유지하라.

③ 멘토 – 멘토링 활동은 가능하면 이성끼리 하라.

④ 멘제 – 성장하는 것을 보여 줌으로써 멘토에게 보답하라.

(답 ③) 멘토링 활동은 정서적인 면을 우선하게 되므로 이성 간
　　　의 연결은 이성문제가 대두될 수 있어 동성끼리 원칙으
　　　로 한다.

Module_2

멘토링 활동은 교육이라기보다는 멘토와 멘제가 현장에서 활동하는 프로그램이다. 먼저 멘토 중심으로 6가지 단계 활동과 실행 차원에서 두 가지 활동으로 개인 활동, 그룹 활동을 소개했다. 가장 멘토/멘제가 어렵게 여기는 미팅 시나리오를 제공하여 미팅 당일 체계적으로 활동할 수 있도록 안내했다.

멘토링 활동 6 Step

■ 도입사례

NO 4 사례 〈삼성테크윈 등〉 도입 2003. 7

1. 멘토링 시스템 도입 배경

1) 신규인력력증

IMF위기로 인해 1997년 부터 구조조정 하여 창원 1사업장 임직원 수 2001년까지 5년간 47% 감소하였다. 그 후 사업 전환과 영역 확대로 신규인력의 대규모 충원하게 되었다.

장기간 신입사원 공백에 따른 지도방법 부재로 세대 간 차이에

따른 커뮤니케이션 장애가 발생하게 됨으로 신입사원 퇴사율 증가
하였다. (참고자료2001년~2002년 신입사원 이직율 14%)

2. 멘토링 프로그램의 현황과 특성

1) OJT (on the job training) 자연스러운 업무습득
　　　조직에 빠르게 정착업무 스킬과 노하우 전수

2) 멘토링 오리엔테이션
- 멘토링 전문기관 통한오리엔테이션
- 교감과 목표 설정
- 관리자, 부서장 급 대상으로 멘토링 제도, 지원 교육

3) 합동 멘토링
- 부진한 활동 만회할 시간과 공간 제공
- 다른 커플들 통해 노하우 공유, 벤치마킹
- 등반, 스포츠 관람 문화체험, 영화 관람 운동 경기, 사회봉사
- 임원진과 간담회

3. 멘토링의 효과

1) 리더십 체험
- 선배 사원들의 차세대 리더로서의 체험
- 신세대들의 감성과 트랜드 파악
- 직장 생활에 활력

2) 신입 사원 퇴직률 감소

- 2003(12%) 2004(9%) 2005(4%) 2006(0%)

- 유형적 자산과 무형적 자산 손실 방지

3) 조직 활성화

- 신규 인력에 수급에 따른 선순환 흐름 인력교체 원활

■ 학습개요

멘토와 멘제가 도입과정(Setting Process)에 들어서서 실제적인 활동에서는 준비, 협정, 실행, 피드백 제공, 장애물 제거, 마무리 등의 6단계(6Step)를 거치게 된다.

멘토와 멘제는 이러한 단계들을 거치면서 각자 맡은 역할을 수행하게 된다. 이 가운데 만약 어느 한 단계라도 소홀히 취급되거나 생략된다면, 그 멘토링은 멘토와 멘제 모두에게 지극히 만족스러운 것이 되기 어려울 것이다. 이제부터 앞에서 언급한 멘토링 활동 6단계(Step)에 대해 좀 더 구체적으로 살펴보기로 하겠다.

■ 학습목표

1. 준비단계로 우선 목표설정과 상호 간 서약서 등 협정내용을

이해할 수 있다.

2. 실행단계로 목표달성을 위한 실행, 피드백, 장애물 제거 등을 설명할 수 있다.

3. 마무리 단계로 활동지속 여부 마무리 평가 프로그램 등을 이해할 수 있다.

▇ 학습내용

제1장 준비단계
제2장 실행단계
제3장 마무리 단계

▇ 학습하기

제1장 준비단계

Step 1 준비단계

멘토가 할 일 – 개인목표로 인격개발을 목표로 삼고 멘제를 최종적으로 멘토로 재생산(Reproducting)하는 것이다.

관리자가 할 일 – 조직목표로 성과개발을 목표로 삼고 12목표 중에서 실정에 맞게 설정하고 도입에 필요한 5가지 선행조건을 작성한다.

멘토는 자신의 의무를 실행하는 데 있어서 현실적이어야 한다. 멘토링은 누구의 이력서가 이익을 줄 것인지를 평가하는 것이 아니라, 누가 멘제의 욕구에 적합한 투자를 할 수 있는지를 평가할 기회가 되어야 한다. 멘토는 자신이 멘토가 될 능력이 있는지를 점검해야 하며, 동시에 활동과 자기 발전의 기회를 모색해야 한다. 멘토와 멘제 모두 앞으로 멘토링의 결과를 어떻게 실천에 옮길 수 있는지 점검해야 한다.

준비단계에서 멘토는 멘제가 스스로의 장점과 연구하고 싶은 분야를 확인할 수 있도록, 스스로를 평가해 볼 것을 부탁할 수 있다. 또한 멘제의 장단기 목표를 조사해 두어야 한다. 이는 '협정단계'를 현실적으로 만드는 데 큰 도움이 될 것이다.

Step 2 협정단계

멘토가 할 일 – 선서문, 서약서, 상호 간 약정서 작성과 미팅플러스 전략과 미팅시간 시나리오 숙지한다.

이 단계에서 멘토와 멘제는 관계의 유지에 필요한 계약 조건을 수립한다. 두 파트너는 목표를 세우고, 멘토링 관계의 내용과 형식에 동의를 할 수 있어야 한다. 이 단계에서 멘토와 멘제는 자신의 생각, 기대, 목표, 욕구에 대한 상호 이해를 목표로 해야 한다. 또한 기밀유지, 한계와 같은 문제도 다루어야 한다. 만약 이러한 문제를 불편해하거나 무시해서 다루지 않는다면, 멘토링 관계에서 절대로 목표를 달성할 수 없으며, 결국은 두 파트너 모두 실망하게 될 것이다.

협정단계에서 멘토와 멘제는 대부분 상호 인재개발에 초점을 두게 된다. 멘토는 단기 트레이닝과 장기 발전 목표를 세우기 위해 멘제가 자신의 장점과 약점을 확인하도록 도움을 준다. 멘토의 목표는 멘제의 장기적 목표 성취와 관련해 멘제가 객관적으로 자기분석을 할 수 있도록 보조하는 것이다. 멘토가 이 인재개발 과정 중에 도움을 줄 수 있는 방법은 다음과 같다.

* 인재개발을 위한 멘토의 역할
- 멘제가 스스로의 장점과 약점을 평가하도록 요구한다.
- 멘제의 장단기 목표를 분명하게 한다.
- 멘토링 관계에 대한 멘제의 기대를 공유한다.
- 멘토링 관계에 대한 상호 간의 기대를 솔직하게 토론한다.
- 파트너십을 위한 세부 계획을 세운다.

* 멘토링 협정의 주요 항목
- 멘토링 관계의 장단기 목표
- 멘제의 활동목표
- 양측의 멘토링 관계에 대한 기대
- 양측이 멘토링 관계에서 기여해야 하는 부분
- 정기적인 미팅 스케줄
- 비공식적 접촉을 관리하기 위한 절차
- 첫 번째 계획한 미팅을 위한 주제
- 기밀 사항에 대한 협정
- 경영자나 상급 관리자로서가 아닌 멘토로서의 역할 조항

제2장 실행단계

Step 3 실행단계

멘토가 할 일 - 개인 활동을 주관하여 멘토/멘제 개인 정기미팅 활동 - 실천카드 작성 및 친목활동을 한다.

관리자가 할 일 - 그룹 활동을 주관하여 전체 쌍 계간 그룹 활동 - 친목 활동 교육수강 중간평가를 시행한다.

이는 실제적이고 구체적인 멘토링의 본론단계로, 참가자는 대부분의 시간을 이 단계에서 소비하게 된다. 이 단계는 앞서 수립한 상호 간의 이해를 바탕으로 이루어진다. 이 단계에서 참가자들은 멘제의 활동 욕구에 초점을 맞춘다. 멘토는 개방적이고 긍정적인 활동 분위기를 조성하고, 사려 깊고 시기적절하며 솔직하고 건설적인 피드백을 제공함으로써 멘제의 활동을 장려한다. 두 파트너 모두 멘제의 활동목표를 확인하며, 이 목표들이 충족되고 있는지 확인한다.

* 목표설정 브레인 게임(Brain Gam) 실천카드 작성에 유의사항
  (S M A R T)
  - 구체성(Specific)
  - 측정 가능성(Measurable)
  - 활동 결과 지향적(Action Oriented)
  - 현실성(Realistic)
  - 기한설정(Timely)

* 실행단계에 있는 멘토의 역할

- 정기적으로 멘제를 만난다.
- 멘토링 관계가 발전하려면 시간이 걸린다는 사실을 예상해 본다.
- 꾸준한 참여를 보인다.
- 때때로 멘토링 관계에 참가한 모든 사람들의 기대를 재검토 해 본다.
- 목적 지향적인지 확인하기 위해 멘토링 관계를 모니터한다.
- 중간 궤도 수정의 가능성을 예상해 둔다.
- 주기저으로 활동목표에 따른 관계를 평가한다.
- 활동기회에 대해 개방적 자세를 유지한다.
- 멘토링 관계에 일정한 거리를 둔다.
- 멘토링 파트너에게 정기적인 피드백을 제공한다.

Step 4 피드백 단계

멘토가 할 일 – 멘제의 질문과 상담을 경청한 후 멘토의 학습권으로 답변과 교육 그리고 피드백을 제공하고 상호 간 미팅소재를 선정하여 토론(Free Talking) 전개한다.

피드백을 하는 것은 멘제의 발전과 실행단계의 성공에 필수적인 요소이며, 멘토의 섬세함을 필요로 하는 역할 중 하나이다. 피드백의 적절성 여부는 효과적인 질문하기와 듣기 기술에 달려 있으며, 멘제에게는 멘토가 말한 것, 암시한 것, 활동의 방향, 활동과 실천의 조화를 보여 줄 수 있는 기회이다.

피드백은 멘토가 멘제에게 줄 수 있는 가장 귀중한 선물 가운데 하나이다. 피드백은 교정과 확인의 형태를 띨 수 있으며, 항상 솔직해야 한다. 솔직하고 건설적인 피드백은 멘제가 능력과 자신감을 키우고 활동의 질을 높을 수 있도록 격려해 준다. 피드백은 멘토링 파트너들이 활동의 장애물을 극복할 수 있도록 도와주며, 실행 단계에 필수적인 요소다.

* 피드백 제공 시 유의사항
- 멘제에게 주는 피드백은 솔직하고 긍정적이어야 한다.
- 피드백을 받는 것 또한 멘토가 개발해야 할 기술이다.
- 솔직한 피드백은 멘제에게 도움이 되는 것이 분명하지만, 때때로 멘토는 멘제의 저항이나 부정적인 태도를 각오해야 하는 경우도 있다.
- 피드백의 궁극적인 목적은 멘제의 행동과 활동방향을 조정하는 데 있다.

* 피드백에 관한 실무기술 – 공정성과 객관성과 경청의 범위 안에서
- 구체적으로 한다.
- 간결하게 한다.
- 사소한 것도 한다.
- 결과뿐 아니라 과정에 대해서도 한다.
- 남이나 제3자에게도 한다.

Step 5 장애물 제거 단계

멘토의 문제점 – 바쁜 업무, 장기출장, 능력부족, 성격충돌 등의 장애문제를 대응한다.

멘제의 문제점 – 주의산만, 예의결례, 관계소홀, 부당요구 등의 장애문제를 대응한다.

모니터 관여 – 상호 간 해결되지 않을 시 모니터가 설문도구나 상담으로 문제를 대응한다.

실행단계에서 멘토는 수많은 장애물에 부딪힐 수밖에 없다. 모든 파트너십은 어느 순간에는 장애물에 지면하게 된다. 이러한 장애물은 멘제의 경험, 신념체계, 편견 등과 관련된 개인적인 것일 수 있고, 또는 멘제의 업무 상황, 업무 이해도, 커리어 계획과 관련된 조직적인 것일 수도 있다. 이러한 장애에 부딪히더라도 멘토는 멘제의 성장과 발전을 순조롭게 하기 위한 지원과 도전 제안을 아끼지 말아야 한다. 멘토는 멘토링 관계에 나타난 장애물의 등장이나 그 힘을 과소평가해서는 안 되며, 생산적인 관계를 훼손할 수 있는 문제점을 미연에 방지하기 위해 노력해야 한다.

원인 1 – 장애물 중 일부는 멘제에게서 비롯되기도 한다.
제거방법 – 멘토는 이러한 문제를 드러내는 멘제에게 행동으로 인한 결과를 확인함으로써 멘제에게 도전하고, 멘제를 격려해 줄 준비가 되어 있어야 한다.

원인 2 – 멘제가 멘토에게 과도하게 의지하거나, 멘토가 모든 문제에 대한 답을 주거나 활동 전략을 책임질 것을 기대하는 경우도 있을 수 있다.

제거방법 – 이런 경우 멘토는 멘제를 구해 주거나 멘제의 문제점을 해결해 주어서는 안 된다. 반대로 멘제의 행동을 주목하고 이를 이슈화하여 검토하고 생각해 보아야 한다. 또는 멘토가 그와 비슷한 자신의 경험담을 들려주어 멘제가 그 경험담을 통해 교훈을 얻을 수 있도록 하는 방법도 있다.

원인 3 – 다른 장애물로는 멘제가 아니라 멘토로 인해 발생하는 것들이 있다.
제거방법 – 멘토는 멘제와의 미팅을 기록해 놓은 것과 미팅 중 자신의 언행에 대해 재고해 봄으로써 스스로에게 피드백을 주어야 한다. 또한 멘제의 피드백을 진지하게 받아들여야 한다.

원인 4 – 한편, 질투는 멘토와 멘제 모두에게 장애물이 될 수 있다.
제거방법 – 보통 이러한 장애물은 개방적이고 솔직한 피드백, 두 파트너가 스스로의 활동목표를 결정한다는 인식을 통해 극복할 수 있다. 둘이서 장애물을 극복하지 못하는 경우에는 멘토링 모니터에게 조언을 구할 수 있으며, 혹은 그러한 장애물이 멘토링 관계를 마무리 지어야 한다는 징조일 수도 있다.

제3장 마무리 단계

Step 6 마무리 단계

멘토가 할 일 – 멘토링 관계를 보고서로 마무리하고 개인 간 지속 여부는 자유의사로 결정한다.

관리자가 할 일 - 최종평가로 정성 및 정량 평가와 멘토 인증서를 작성하고 종료식을 주관한다.

모든 멘토링 관계는 끝이 있게 마련이다. 마지막을 계획하고, 그 이후의 잠재적 영향력을 이해한다면 두 파트너 모두에게 도움이 될 것이다. 마무리 단계에서는 멘제의 성취와 멘토링 관계를 통한 양측의 이익을 확인하고 축하하게 된다.

■ 학습정리

1. 상호 간 목표설정의 정당성과 서약내용의 실행 여부를 정리할 수 있다.
2. 멘토링 활동에서 실행 자료와 피드백 안건 그리고 장애물을 점검할 수 있다.
3. 활동 마무리 단계에서 이해관계, 평가해야 할 점을 살펴 효과를 높일 수 있다.

■ 학습평가

문1: 활동 준비단계에서 옳지 않는 것은?
① 활동 전 개인 목표로 인격개발 등 전인적인 목표를 세운다.
② 활동 전 조직 목표로 성과개발 등 업무 향상 목표를 세운다.

③ 협정단계에서는 상호 간 서약서 등 약정에 관한 협정을 한다.

④ 행정적인 협정보다는 구두적으로 약속하고 활동한다.

(답 ④) 비공식 멘토링에서는 구두적인 협정도 가능하나 조직에서 추진하는 멘토링은 사전에 기본적인 행정적 서면 협정이 필수적이다.

문2: 멘토링 활동 실행단계에서 설명 중 옳지 않는 것은?

① 실행단계에서 정기 미팅계획 및 실천카드를 작성한다.

② 실행단계에서 실천카드는 구체적인 내용이 요구되지 않는다.

③ 피드백의 실무 기술은 공정성, 객관성, 경청기술이 요구된다.

④ 장애물 제거에서 바쁜 업무, 장기출장, 능력부족, 성격충돌 등에 대응한다.

(답 ②) 멘토링 실천카드는 구체성이 반드시 필요하게 되므로 S M A R T 형식을 요구한다.

문3: 멘토링 마무리 단계에서 설명 중 옳지 않는 것은?

① 멘토링 마무리는 효과적인 내용만 간추려 구두 보고한다.

② 멘토링 마무리는 관계 보고서를 작성한다.

③ 멘토링 활동에 관한 지속 여부는 별도 상의를 필요로 한다.

④ 멘토링의 마무리 평가는 정성과 정량 평가의 방식으로 한다.

(답 ①) 조직 멘토링에서는 사람, 시간, 자금이 투자되므로 사전에 평가프로그램을 공개하고 서면으로 정성·정량 보고하여 조직의 장에게 보고해야 한다(개인적인 비공식 멘토링은 보고할 필요 없음).

멘토링 활동 유형모델

■ 도입사례

NO 5 사례 〈포스데이타〉 도입 2001. 8

2001년부터 멘토링을 도입한 시스템통합(SI)업체인 포스데이타 (Posdata)는 16%의 이직률을 2년에 걸쳐 1.8%까지 낮췄다. 포스데 이타의 멘토링은 멘토가 멘제의 스폰서 역할을 하는 것이나 마찬 가지다.

신입사원 발령과 동시에 임명된 멘토는 업무는 물론 이성문제, 인생 상담에 이르기까지 일대일로 밀착 지도한다. 멘토는 멘토링운

영위원회에서 선발하며, 3년 이상의 회사 경력을 가져야 자격이
주어진다.

◼ 학습개요

　멘토링 활동부문은 멘토/멘제가 일정 기간 동안 조직의 지원하
에 자유롭게 프로그램을 진행하는 자율 활동을 말한다. 여기에서
개인 활동은 정기미팅 등 멘토/멘제 두 사람만이 갖는 프로그램을
말하고 그룹 활동은 전체 쌍이 야외 활동을 하는 등 합동으로 활
동하는 것을 말한다.

　특히 멘토링 활동은 멘토의 자율성이 최대한 보장되는 만큼 멘
토는 조직의 규정이나 모니터의 관찰에 유의하고 멘제와 건전하고
도 유익한 활동 전개에 최선의 노력을 다하여야 한다.

◼ 학습목표

1. 멘토링 활동의 범위, 기간, 횟수, 장소, 일자, 경비 등을 이해
   할 수 있다.
2. 멘토/멘제가 주기적으로 만나는 개인 활동에서 다룰 내용을
   설명할 수 있다.

3. 멘토/멘제 전체 쌍이 그룹으로 만나 할 수 있는 프로그램을 이해할 수 있다.

■ 학습내용

제1장 활동 프로그램 개요
제2장 개인별 활동 실행모델
제3장 그룹별 활동 실행모델

■ 학습하기

제1장 활동 프로그램 개요

1. 멘토/멘제 활동의 범위

멘토링의 활동 범위는 먼저 멘토링 활동 목표에 의하여 크게 좌우되는데 예를 들자면 업무능력 향상 멘토링, 경력개발 멘토링, 지식기술 이전 멘토링 등은 주로 학습 활동이 우선되고 반면 신규직원 멘토링, 노사화합 멘토링, 관계개선 멘토링 등은 친목 위주의 활동이 많아지게 된다.

2. 멘토/멘제 활동 기간

일반적으로 멘토링 활동 기간은 조직에 적용되는 멘토링에서는 제한을 받게 된다. 그러나 개인적으로 이뤄지는 멘토링 활동은 그 기간을 제한할 필요는 없다. 두 사람이 마음이 맞으면 수년이나 평생도 멘토링을 할 수 있기 때문이다.

문제는 조직에 멘토링의 활동 기간을 설정하는 것이 무엇보다도 중요하다고 본다. 현재 멘토링 기간은 전혀 심사숙고하지 않고 종전 OJT(On the Job Training)기간 개념에서 3개월, 6개월, 12개월 식으로 시행하므로 제대로 성과도 내지 못하고 도중 해체되는 예가 비일비재하다. 왜냐하면 인재개발과 업무숙달이 목적인 멘토링은 개념 자체가 다르기 때문이다. 조직 적용 멘토링 활동기간을 설정하는 데는 다음의 몇 가지 고려할 점에 유의하기 바란다.

첫째는 우리 조직에서 어느 영역에 멘토링을 도입할 것인가가 우선 고려되어야 한다. 멘토링 전문가가 조직 내에 있다면 조직의 환경 분석이 먼저 이뤄져서 취약부문을 가려내어 목표설정을 해야 한다. 잘나가는 부문에 멘토링을 도입하는 것은 저비용 고효율 원칙에 어긋나게 된다.

두 번째로 멘토링 목표가 설정되었으면 목표달성에 필요한 기간을 계산하여 적용하면 큰 무리 없이 멘토/멘제가 충분한 기간을 갖고 목표달성에 효과적으로 대응하게 된다. 참고로 멘토링 활동 목표별로 권장기간을 아래 내용으로 기술한다.

1) 업무능력 향상 멘토링 - 최소 6~12개월
2) 신규직원 멘토링 - 최소 12개월

3) 경력력개발 멘토링 - 최소 12개월(업무별로 연장 가능)

4) 노사화합 멘토링 - 최소 12개월

5) 지식기술 이전 멘토링 - 최소 2년(특수기술은 연장 가능함)

6) 핵심인재개발 멘토링 - 최소 5년(최고경영자 대상은 연장 가능함)

우리 속담에 우물에서 숭늉 구한다는 말이 있다. 멘토링 활동은 인재개발이 목적이다. 조직에서 멘토링을 통한 이 재개발의 의미는 협의적 차원에서 멘제를 자신과 같은 멘토라는 리더로 재생산(Reproducing)을 의미한다. 그러므로 최소한 회계기간인 1년의 기간은 적극 지원해 주고 그 후 절차에 의하여 평가 결과를 지켜보면 된다.

3. 멘토/멘제 미팅 횟수

멘토/멘제의 미팅 횟수는 조직에서 주간 1회, 월간 1회 등 최소한의 횟수를 정해 주어야 한다. 왜냐하면 두 사람의 정규 업무 사정에 따라 신축적으로 횟수가 변동되면 큰 차질이 올 우려가 있기 때문이다. 일반적으로 활동기간이 1년 넘게 길면 월 1~2회 미팅, 활동기간이 짧으면 주 1회 미팅이 효과적이라고 본다.

그 후 더 횟수를 추가하는 것은 간여할 성질이 아니다. 그리고 최소한 정해 준 횟수는 챙겨야 하는데 모니터는 월간 멘토 보고서에 미팅 내용을 보고 받으면 된다.

4. 멘토/멘제 미팅 장소

멘토/멘제의 미팅 장소는 크게 조직 내와 사외 두 가지로 나눌 수 있다. 초창기에는 대부분 개인 시간을 보호하는 차원에서 근무 시간 내 조직 내에서 미팅을 하게 된다. 그러나 3개월쯤 지나 서로 간 만나 정을 서로 느낄 때가 되면 구태여 시간 내 조직 내라는 등식이 맞지 않게 되고 근무시간 외에 자연스러운 미팅이 이뤄진다. 여하간 멘토/멘제가 알아서 결정할 일이다. 가능한 효과적인 면에서는 시간 외에 사회의 어느 한곳에서 미팅이 이뤄지기를 기대한다. 조직에서는 좋은 장소를 물색해서 웹사이트나 조직 내 게시판에 공고하는 것은 멘토/멘제에게 크게 도움을 주는 것이 된다.

5. 멘토/멘제 미팅일자

멘토링 활동이 개시되고 멘토/멘제가 염려하는 것이 "과연 현재 상급자 밑에서 정규업무를 다루면서 미팅에 나갈 수 있을까?"이다. 조직에서는 이 점을 감안하여 이왕 예산과 인력을 들여 멘토링을 도입했으므로 과감한 결단이 과정마다 필요로 한다. 바로 미팅일자를 CEO의 결재를 얻어 양성화해 주는 일이다.

이 점은 대부분 멘토링 도입업체에서 받아들여져 멘토링 데이(Mentoring Day)라는 공식 명칭으로 특정 요일을 선포함으로써 미팅을 활성화하는 좋은 계기를 만들어 주고 있다.

6. 활동 경비 충당

멘토링 선진국인 미국에서는 멘토링 단체 대부분이 비영리 재단

(1904년 설립한 BBS를 비롯하여)으로 정부공적 자금이나 개인 기부금으로 소요 경비를 충당하고 있다. 그러나 국내에서는 아예 기부문화의 후진성과 멘토로서 헌신 봉사 정신을 기대하기 어려워 북미지역 운영 스타일과는 다른 체계가 요구되고 있다.

그러한 원리에서 조직에서 정상적인 투자 개념으로 멘토링 프로그램을 다루어 주기를 기대하며 특히 멘토는 정규업무와 멘토링업무 등 두 가지 업무 실적을 거두어야 하므로 당연히 차별된 물심양면의 대가를 지불해야 한다고 본다. 멘토의 교육비, 멘토의 활동비, 멘토 시상비 등이다. 참고 현재 멘토/멘제 월간 활동비는 처음 도입 50,000~계속 도입입제 100,000원 정도로 책정되어 있다.

제2장 개인별 활동 실행 모델

멘토링 활동에서 가장 핵심이 멘토/멘제 한 쌍 즉 멘토링 셀(Mentoring Cell)이 첫째는 자연스럽게, 둘째는 자율적으로 활발하게 활동해 주는 것이다.

외형적으로 아무리 투자가 많고 형식적인 프로그램이 잘 갖춰졌다 하더라도 이 셀이 움직이지 않으면 성과는 기대할 수 없는 것이다.

멘토링 추진 팀은 멘토의 자생력을 위해 최대한 지원하도록 하고 가능한 관리(Control) 의식은 떨쳐 버려야 한다. 자연 번식하는 세포의 원리를 그대로 적용해야 한다.

멘토/멘제가 개인 미팅 시 할 수 있는 프로그램을 아래 내용으로 소개한다. 각 조직마다 나름대로 특징 있게 준비하여 멘토/멘제가 자유롭게 선택하는 데 도움을 주기 바란다.

1. 정기미팅활동

조직에서 제시한 정기 미팅일에 만나서 두 사람이 진행할 프로그램이다. 주로 인격지수 업그레이드에 관한 대안으로부터 시작하여 한 주간의 동향 조직 내외 주요사항들을 다루고 가장 주요한 개인개발의 목표의식과 조직개발의 목표의식에 관심이 열려 있어야 한다.

2. 스포츠활동

멘토/멘제가 다양한 스포츠 - 테니스 탁구 골프 헬스 등산 수영 중에서 직접 선택하여 미팅일에 체력 단련 겸 건강지수 업그레이드 차원에서 프로그램을 갖는다.

3. 친목활동

멘토/멘제가 미팅일에 친목식사, 분위기 있는 카페, 공원산책 등의 프로그램을 갖는다.

4. 학습활동

멘토/멘제가 고시, 자격증, 학위, 리포트 작성, 과제 풀이 프로젝트 등에 필요한 학습 자료를 준비하고 특별히 세미나나 교육 등에 직접 참여하는 프로그램을 갖는다.

5. 가정방문

멘토/멘제가 사전에 합의하여 상호 가정 방문하여 경조사 등 친목을 겸하여 미팅을 갖는다.

6. 봉사활동

멘토/멘제가 주의 청소나 이웃돕기 양로원 고아원 등 시설을 찾아가 사회봉사 프로그램을 갖는다.

7. 문화활동

멘토/멘제가 콘서트, 미술 감상, 고적 답사, 운동경기 참관, 서점 등을 찾아 문화활동 프로그램에 참가한다.

제3장 그룹 활동 실행모델

멘토링 활동은 자발적 참여가 성공의 지름길이 되기 때문에 가능한 조직 전체가 지원 분위기 조성에 각별히 관심을 가져야 한다.

가장 효과적인 지원은 CEO의 관심사다. 최근에 CEO가 직접 사원을 챙기는 예가 자주 매스컴에서 볼 수 있는데 아마 인간존중경영의 시대적인 흐름으로 생각한다.

멘토링 계획을 수립할 때 처음부터 CEO를 멘토링 영역에 두어야 한다. 그래서 멘토/멘제 결연식 때부터 친해질 수 있도록 참석해서 주례를 하고 사진을 찍고 선물도 직접 챙겨 주어야 한다. 부득이 불참할 경우에는 소상히 사정을 알리고 임원이 반드시 대행해야 한다.

멘토/멘제가 출발 Workshop할 때 대부분 색다른 경험을 하게 되어 감격을 맛보는 사람이 대부분이다. 그러나 교육의 효과는 3개월을 가지 못한다고 한다. 그러므로 분기별로는 CEO 참여하에 격려 모임을 갖고 보수교육 등 전체 분위기를 높이는 게 효과적이다.

다음 프로그램은 멘토/멘제 전체 그룹이 분기별로 한 가지씩 선택하여 멘토링 열정을 북돋우는 프로그램으로 활용하도록 소개한다.

1. 분기그룹미팅

멘토링 추진 팀 주관으로 멘토/멘제가 활동 개시 후 분기별로 갖는 전체 모임이다. CEO 참석하에 자유토론, 건의사항, 격려사, 보수교육, 친목 식사 등을 내용으로 하는 프로그램을 갖는다.

2. 야외활동

멘토링 추진 팀 주관으로 멘토/멘제 전체가 등산, 마라톤, 운동, 수영대회 등을 내용으로 프로그램을 갖는다.

3. 학습활동

멘토링 추진 팀 주관으로 멘토/멘제 전체가 모여 자체적으로 주

제발표, 조직내외 강사 초등 특강 수강, 학술발표회 고적답사 프로
젝트 성공사례 등을 내용으로 프로그램을 갖는다.

4. 독서활동

멘토링 추진 팀 주관으로 멘토/멘제 전체 대상으로 신간 발표회
독서그룹 운영 전문서적 공람 교양서적 공람 독후감 발표 등을 내
용으로 프로그램을 갖는다.

5. 봉사활동

멘토링 추진 팀 주관으로 멘토/멘제 전체가 지역청소, 한경운동
참여, 병원봉사, 이웃돕기 행사, 꽃동네 방문, 자선바자회 등을 내
용으로 프로그램을 갖는다.

■ 학습정리

1. 멘토/멘제의 활동과정에서 개인 및 조직 목표 달성 여부를 정
   리할 수 있다.
2. 멘토링 개인 활동에서 학습, 친목, 보고 활동의 효과 여부를
   점검할 수 있다.
3. 멘토링 그룹 활동에서 각 쌍별로 문제점을 보완하여 효과를
   높일 수 있다.

■ 학습평가

문1: 멘토링 활동 프로그램 개요에서 옳지 않은 것은?

① 멘토링 활동에서 친목 활동은 가능한 억제해야 한다.

② 활동기간은 대체적으로 12개월이 효과적이다.

③ 미팅 횟수는 주간 1회 월간 1회 등으로 정한다.

④ 미팅 장소는 조직의 내·외 구분하지 않는다.

(답 ①) 멘토링 활동에서는 친목활동이 우선이고 겸해서 학습활
　　　동을 다룬다.

문2: 멘토링 개인별 활동 설명 중 옳지 않은 것은?

① 개인별 정기 미팅에서는 설정한 개인목표와 조직의 목표를
　　함께 다룬다.

② 개인 활동은 반드시 상급 관리자의 통제를 받아야 한다.

③ 개인 활동은 스포츠, 친목, 봉사, 문화 활동 등에 학습 활동
　　도 겸한다.

④ 개인 활동 중 가정의 경애사시 초청하면 가정방문도 가능하다.

(답 ②) 멘토링 활동은 멘토의 자율 활동이 우선이 되어야 활성
　　　화된다.

문3: 멘토링 그룹 활동 설명 중 옳지 않은 것은?

① 멘토링에서 전체 쌍이 모이는 그룹 활동은 계간으로 하는 게
　　좋다.

② 그룹 활동은 단체로 하는 야외활동, 독서활동, 봉사활동을 말한다.

③ 그룹 활동에서 CEO의 참석은 활동 촉진의 계기가 된다.

④ 멘토링 활동은 참여하는 자들만이 활동에 전념하는 것이 좋다.

(답 ③) 멘토링 활동은 조직에 생소한 프로그램으로 특히 부서장 및 간부들을 비롯하여 전 조직이 지원하여 분위기 조성에 힘을 써야 한다.

멘토링 미팅 실행단계

■ 도입사례

NO 6 사례 송파구청(봉사지원 멘토링)

서울 송파구청이 운영하는 대학생 멘토링 봉사단에서는 '펠로우 (fellow)' 제도가 눈에 띈다. 펠로우란 멘토에 대한 상담과 조언을 맡는 사람을 일컫는 말이다. 주로 전문직 종사자나 퇴직자인 이들은 멘토가 제 몫을 다할 수 있도록 지원하는 역할을 담당한다. 말하자면 '멘토의 멘토'인 셈이다. 문제는 없나 받아들일 준비가 안된 경우엔 성과 의문 "재정 기반 너무 취약 …… 기본적 지원은

해 줘야." 그러나 모든 멘토링 프로그램이 좋은 성과를 거두는 것은 아니다. 멘토 자격으로 참여한 사람들이 공통적으로 지적하는 문제는 멘토링 프로그램에 참여하는 멘제의 자세이다. "좋은 취지에 공감해 무료 봉사하는 경우가 대부분이지만 멘제들이 이를 악용하는 경우가 없지 않다."는 것이 이들의 지적이다.

■ 학습개요

멘토링 활동에서 멘토와 멘제가 가장 부담스러워하는 것이 미팅 때 다룰 소재와 진행 방법이다. 대부분 조직에서 멘토링을 도입한 후 이 미팅에 프로그램 지원을 하지 못하기 때문에 사실 방치상태로 되어 처음은 있고 끝은 없는 비생산적인 멘토링이 되는 것이다. 여기에 소개하는 미팅 실행은 멘토링 활동에서 성공률을 높이는 지름길이다.

■ 학습목표

1. 환영단계는 처음 대면 시 부드러운 분위기를 유도하는 프로그램으로 이해할 수 있다.
2. 미팅활동은 상호 간 좋은 관계에서 질문, 대답, 토론 학습 등

을 설명할 수 있다.

3. 다음 준비는 다음 미팅에 사용될 소재 준비와 친목 계획을 수립하는 데 있다고 이해할 수 있다.

◼ 학습내용

제1장 미팅 환영단계
제2장 미팅 활동단계
제3장 다음 미팅 준비단계

◼ 학습하기

제1장 미팅 환영단계

멘토와 멘제는 주어진 기간 멘토링 활동에서의 성공률을 높이기 위하여 미팅 주기를 습관화하는 것이 무엇보다도 중요하다. 특히 각 조직에서 CEO의 결재를 얻어 일정 일시를 '멘토링데이'로 선포하는 것이 더욱 바람직하다(예: 매주 목요일 1시간 등).

그 다음에는 주기적으로 미팅시간이 주 1회나 월간 2~3회 등으로 이뤄지게 되는데 이때 미팅시간을 효율적으로 나누기 위하여 아래 내용으로 진행순서를 모델로 정하여 선보인다.

특별히 유의할 것은 미팅시간이 1시간이 될 수도 있지만 별도 야외친목교제를 나눌 경우는 하루가 될 수 있음을 알아야 한다.

멘토/멘제가 미팅 당일에 당황하거나 부담되지 않게 이 진행 시 나리오를 사전에 학습해 두면 크게 도움이 될 것이다.

Step 1 Welcoming – 환영해요

새로운 환경 속으로 들어오는 한 사람 멘제를 위해 멘토인 당신이 매번 만남(Meeting)에시 마음의 문을 열고 환영해 줄 수 있는 방법을 찾으라.

- Ice Breaking!

멘토는 이렇게 말하지 않는다. "겨우 한 사람을 위해서?" "일개 사원을 위해서?"

[Hint – Ice Breaking 소재]

1. 나의 좌우명은?
2. 내 인생에서 가장 기쁜 때와 사건은?
3. 내 인생에서 가장 슬플 때와 사건은?
4. 가족 중에서 나를 가장 많이 닮은 사람은?
5. 가장 오랫동안 잠 못 이루지 못한 때와 사건은?

제2장 미팅 활동단계

Step 2 Counseling(멘제의 질문하기 – 멘제의 시간)

미팅의 두 번째 단계는 첫 단계에서 상호 간 마음의 문이 열린 상태에서 진행한다. 상담단계는 그동안 멘제의 질문을 비롯하여 멘토에게 상담할 내용을 멘제가 사전에 준비해서 거리낌 없이 이야기를 나누는 것이다. 바로 동생이 형님한테 자연스럽게 대하는 태도다. 멘토는 우선적으로 경청 자세로 진지한 모습을 보여 준다.

*멘토는 신뢰로, 멘제는 존경으로 상호 간 한마음!

멘토는 이렇게 말하지 않는다. "멘제여 내가 먼저 이야기할게." "그 다음 순서를 말하라고."

멘제는 항상 먼저 말하고 질문하고 멘토는 항시 경청 후 답변해 주고 상담해 준다.

[Hint – 상담 및 질문 소재]
▶직장에 대한 이야기
▶업무에 관한 이야기
▶전문 및 교양도서 독후감
▶핵심기술 지식 노하우 이야기
▶사회 활동 및 동우회 이야기
▶종교 등 신앙이야기
▶가정(부모, 부부, 자녀 등) 이야기
▶학습 세미나 자격증에 관한 이야기

▶건강(신체와 정신 등) 이야기

▶문화 취미 특기 생활 이야기

▶자기관리에 관한 이야기

Step 3 Teaching(멘토 답변하기 - 멘토의 시간)

미팅의 세 번째 단계는 두 번째 단계에서 멘토가 경청한 후 답변해 주고 상담해 주고 그리고 그동안 준비한 업무, 기술, 지적, 주요정보 등을 챙겨서 전한다.

  * 멘제의 마음은 멘토의 가슴으로 통한다.

멘토는 이렇게 말하지 않는다. "나의 핵심기술은 줄 수 없어!" "멘제여 당신도 나만큼 고생해야 얻을 수 있는 것이야."

멘제의 인재개발은 멘토의 핵심 기술이나 가장 귀한 자료를 나눔 여부에 달려 있다.

Step 4 Freetalking(미팅소재 개발 토론하기)

미팅의 네 번째 단계는 두 번째와 세 번째 단계에서 멘토/멘제가 상호 간 의사소통과 열린 마음 상태로 준비되었으므로 이제 자생력 개발 및 업무능력 향상을 위한 미팅소재 개발을 주제로 목표 달성을 위한 토론을 갖는다.

  *멘토는 조언자이고 멘제는 결정권자다.

멘토는 이렇게 말하지 않는다. "시간이 없어 내가 결론지을게." "다음에는 좀 더 잘 준비해서 요점만 말하라고."

멘토링의 목적은 멘제를 멘토와 같은 인격적인 리더로 재생산하는 것이다. 멘토보다 더 훌륭하게 키우는 것이 선(善)순환의 인재개발이다.

Step 5 Coaching(친목교제 나누기)

미팅의 네 번째 단계까지는 주로 실내에서 이루어졌지만 멘토링에서 코칭은 일반적인 업무 코칭과 달리 주로 야외에서 상호 간 친목교제를 말한다. 구체적으로 식사, 영화, 오락, 취미, 운동, 등산, 가정방문 등 정서적 분야를 개발하는 시간이다. 1시간 또는 경우에 따라 온종일도 걸릴 수 있다.

* 멘토와 멘제는 정신적 부문에서는 부부와 같이 일체다.

멘토는 이렇게 말하지 않는다. "회사 출장 때문에 여기서 끝내자고." "활동비를 줄 테니 혼자 식사하고 돌아가게."

아름다운 동행! 멘토링은 결코 업무 처리식으로는 성과를 낼 수 없다. 잭 웰치 회장처럼 멘제를 위해 칭찬, 가치인정, 사랑, 키스, 포옹으로 정서적 면에 우선해야 한다.

[Hint – 친목활동 소재]
1. 개인 활동 – 멘토/멘제 정기 미팅 시 개인 활동 소재
▶스포츠 활동 – 테니스, 골프, 농구, 탁구, 마라톤, 조깅 등
▶친목활동 – 게임, 특식 먹기, 경기장 참가
▶학습활동 – 전공연구 및 세미나 자격증 취득 교양 및 전문독서
▶가정방문 – 경조사 위문, 축하, 병문안

▶봉사활동 - 불우이웃 돕기, 양로원, 고아원

▶문화활동 - 콘서트, 영화, 음악/미술 감상, 서점에 가기

▶취미활동 - 꽃꽂이 만들기, 새 기르기, 음식 만들기

2. 그룹 활동 - 멘토/멘제 계간 전체 모임 그룹 활동 소재

▶야유회 활동, 등산 활동, 체육 활동, 봉사 활동, 장애인 돕기, 농촌 돕기, 해병대 병영 체험

제3장 다음 미팅 준비단계

Step 6 Planning(다음 미팅 준비하기)

여섯째 단계는 오늘의 미팅을 마무리하면서 챙겨야 할 사항을 점검하는 단계다. 왜냐하면 다음의 미팅시간을 알차게 진행하려면 앞으로 한 주간 준비를 잘해야 하기 때문이다. 먼저 4단계 토론단계에서 다음 주 활동 목표 계획서와 5단계에서 야외 친목 활동에서 의논된 것을 챙기면 된다.

* 멘토링은 투자(In Put)에 의해 성과(Out Put) 있는 활동으로 이어져야 계속성을 유지할 수 있다.

멘토는 이렇게 말하지 않는다. "요즈음 회사일 때문에 마음이 복잡하니 멘토링은 대충하자고." "체크하는 사람도 없으니 모이는 시늉만 하자고."

조직에서 멘토링은 체계적인 프로그램이 요구되는 제도적 멘토링으로 활동해야 한다. 준비과정에서 계획과 프로그램을 제대로 설

계한 후에 그 다음 도입과정, 활동과정, 평가과정으로 진행하면서 적정한 프로그램을 소화해야 성공률을 높일 수 있는 것이다.

[Hint – 멘토링 활동 계획양식]

1. 활동양식 – 멘토/멘제 정기 미팅 시 개인 활동 계획서

1) 다음 미팅활동 목표 달성을 위한 실천카드 작성 Sheet – Brain Game

2) 수시로 야외 친목활동에 관한 분야 일정 장소 예산 등 계획서

2. 행정양식 – 멘토링 활동에 필요한 행정양식

1) 멘토 월간 보고서 작성 Sheet

2) 미팅활동 여부 소감 설문도구 양식

3) 활동비 정산 작성 Sheet

Step 7 Ending(종료하기)

오늘의 미팅시간을 해피엔딩(Happy Ending)으로 장식하는 단계다. 미팅시간은 물론 조직에서 할애한 시간이지만 멘토의 주관으로 하되 상호 간 자율을 원칙으로 진행된다.

자율에는 책임이 따르듯이 이미 공인으로서 개인 인격개발 목표와 조직에서 주어진 생산성과 개발목표도 달성하고, 더 중요한 것은 멘토링을 통하여 멘토/멘제 상호 간의 유익이 전제가 되어야 오래 지속할 수 있다.

* 멘토링은 부담이라기보다는 조직으로부터 인재개발 자율권을

인정받고 활동하는 멘토 경영의 한 축이다.

멘토는 이렇게 말하지 않는다. "회사에서 맡겼으니 내 체면을 봐서라도 잘해 보자고." "길지 않은 기간이니까 대가 없이 지내자고."

인지상정(人之常情)이라는 말이 있다 사람은 같이 지내다 보면 더욱 가까워지고 정도 들게 된다는 말이다. 처음은 서로 어색하지만 3개월을 알차게 보내면 정이 들게 되어 더욱 관계가 촉진된다.

[Hint – See You Again]
1. 악수하고
2. Hugging하고
3. See You Again!

■ 학습정리

1. 미팅환영에서 상호 간 목표달성을 위한 신뢰와 존경으로 한 마음을 갖춘다.
2. 미팅활동에서 질문과 답변과 토론에서 목표달성에 가능성을 확인할 수 있다.
3. 다음 준비에서 활동과정에서 개인과 조직 목표의 성공률을 높일 수 있다.

■ 학습평가

문1: 미팅 환영 단계 개요에서 옳지 않은 것은?

① 미팅활동을 습관화하는 것은 가장 효과적인 활동이다.

② 미팅시간은 가능한 말을 삼가고 핵심적인 이야기만 나눈다.

③ 미팅시간은 1시간이나 하루가 될 수 있다.

④ 멘토링데이는 주기적으로 미팅하는 데 효과적인 방법이다.

(답 ②) 미팅시간은 업무보다는 친목과 정서가 우선되므로 상호
　　　 간 많은 말로 속내를 보이면 더 가까운 사이가 된다.

문2: 미팅 활동 단계 설명 중 옳지 않은 것은?

① 미팅 시에 멘제가 질문하고 멘토가 답변하는 것이 옳은 순서
　 이다.

② 멘토는 멘제에게 자신의 핵심가치가 있는 내용을 전하는 것
　 이 옳은 방법이다.

③ 미팅 활동은 친목이 우선이므로 실내보다 야외관람 전시회,
　 식사 등을 주로 한다.

④ 미팅 시 멘토/멘제 개인별 친목 활동만 하면 된다.

(답 ②) 멘토링 활동에는 개인별과 그룹별 친목 활동으로 나눈
　　　 다. 개인 활동도 중요하지만 전체 그룹쌍이 계간별로 모
　　　 임 활동도 중요하다.

문3: 다음 미팅 준비단계 설명 중 옳지 않는 것은?

① 다음 준비단계는 투자와 성과 차원에서 목표 개념으로 준비한다.

② 다음 준비단계에서 보고양식을 챙겨 멘토링 관리자에게 보고한다.

③ 다음 미팅 계획은 자율성보다는 멘제에게 과제 차원에서 작성을 지시한다.

④ 미팅 종료 시 멘토/멘제 상호 간 유익한 내용을 점검하도록 한다.

(답 ③) 멘토링은 상호 간 인격적인 평등을 전제로 활동하므로 다음 계획서 작성 시도 자율성을 존중하여 협력의 바탕 위에 공동 작성한다.

Module_3

Skill 멘토링 활동기술

멘토링 활동에서 성공요인은 조직에서 철저한 관리가 아니라 멘토의 자생력이다. 일정기간 동안 상대방 멘제에게 멘토가 스스로 익힌 기술로 얼마나 영향력을 발휘할 수 있는가가 제일 중요하다. 여기에서 멘토링 활동을 촉진하기 위한 관계개발 기술로 소통기술 경청기술 문제 해결 기술 등 3가지를 소개했다.

멘토링 소통기술

■ 도입사례

◀ NO 사례 7 김성덕(연합철강 대표)

　연합철강 대표를 지낸 김성덕 씨(61)는 한 달에 두 번씩 '지식봉사'를 하는 기쁨에 빠진다. 그는 20여 년 동안 대기업에서 배우고 익힌 경험과 지식을 중소기업에 전해 주는 멘토(Mentor)다. 올 4월부터 최광석 우진페인트 회장의 멘토로서 기업경영 동반자인 셈이다. 김 씨는 최 회장에게 재무 분야 멘토가 필요하다는 판단에 따라 금융전문가인 심만섭 전 한국 GM 대표를 2일 또 다른 멘토로 소개했다. 그는 "중소기업은 최고경영자(CEO)가 모든 일을 결정하기 때문에 모두 현명한 결정을 내릴 수 없다."며 "경영에 대해 허심탄회하게 이야기하는 가운데 가장 좋은 해결책을 찾아낼 수 있다."라고 말한다. 실제 최 회장은 대기업을 경영했던 외부인 시각을 통해 페인트 공장 업무시스템을 획기적으로 개선할 수 있었다. 멘토는 자신이 갖고 있는 업무 노하우는 물론 경험과 지식을 멘제(Menger, 도움을 받는 사람)에게 전수해 줌으로써 멘제에게 잠재된 능력을 개발해 목표를 달성할 수 있도록 돕는 정신적 후견인, 즉 지혜와 신뢰로 타인 인생을 이끌어 주는 아름다운 동행의 주인공이다.

■ 생각해 봅시다.

예) 본 사례를 통해 여러 분은 어떤 점을 느끼셨습니까?

연합철강 대표를 지낸 김성덕 씨가 멘토로 좋은 결과를 얻을 수 있었던 이유는 무엇일까요?

학습자 의견:

- -
- -
- -
- -

*전문가 의견:

상호 간 허심탄회하게 이야기를 나누면서 자신이 가지고 있는 노하우는 물론 경험과 지식까지도 나누는 멘토링을 했기 때문이다.

이 점을 참작하여 다음 페이지에 멘토/멘제 상호 간 멘토링 활동에 우선적으로 필요한 의사소통(Communication)의 중요성과 기법을 소개한다.

모든 조직 활동은 커뮤니케이션 없이는 생각할 수가 없는 것이다. 다른 사람들과 어떻게 하면 효과적으로 협력관계를 조성하여 유지해 나가느냐가 성공의 관건이다.

■ 학습개요

의사소통(Communication)을 효과적으로 할 수 있는 능력은 조직 구성원들에게 요구되는 가장 중요한 사항이다. 모든 조직 활동은 커뮤니케이션 없이는 생각할 수가 없는 것이다. 다른 사람들과 어떻게 하면 효과적으로 협력관계를 조성하여 유지해 나가느냐가 성공의 관건이다.

■ 학습목표

1. 신뢰를 얻으려면 소통의 6가지 목적과 5가지 중요성을 이해할 수 있다.
2. 유연성 소통 기술로 6가지를 설명할 수 있다.
3. 공감성 소통 기술 9가지를 이해할 수 있다.

■ 학습내용

제1장 신뢰성 소통기술
제2장 유연성 소통기술
제3장 공감성 소통기술

■ 학습 전 힌트

멘토 김 팀장 - 잘못된 접근

현장에서 멘토인 김 팀장은 멘제인 최 과장에게 팀원 앞에서 지방세 체납 징수 실적 부진에 관하여 강한 톤으로 책망을 하고 다음 주말까지 목표달성을 지시하였다.

멘제 최 과장 - 궁금증

멘토 김 팀장에게서 책망을 듣고 난 최 과장은 왜 공개적으로 책망을 줄까 하면서 '나에게 어떤 감정이 있는가?'라고 깊이 생각에 잠겼다.

왜 최 과장은 김 팀장의 멘토링에 대해 그런 식으로 생각했을까?

최 과장 입장에서는 왜 김 팀장이 멘토링의 기본 개념인 인격적인 대우와 상호 소통의 원리를 무시하고 있는가에 이해할 수가 없었다.

멘토 김 팀장 - 올바른 접근

김 팀장은 어떻게 멘토링하는 것이 좋을까? 지금부터 같이 알아보자.

먼저 김 팀장은 최 과장을 둘만의 자리로 조용히 불러 자신의 입장을 설명하고 징수 부진 사유를 구체적으로 살펴 충분히 의사소통을 하고 자신이 도와줄 점이 무엇인가를 의론하여 목표달성에 힘을 보태 주는 방식이 올바른 멘토링의 접근이다.

■ 학습하기

제1장 신뢰성 소통기술

커뮤니케이션의 기본은 신뢰(Trust)를 쌓아 올리는 데 있다. 신뢰를 쌓으려면 당신이 상대방의 욕구(Needs)를 옳게 이해하여, 그 욕구에 부응하는 방법으로 접근해야만 한다.

1. 커뮤니케이션 6가지 목적

1. 서로 커뮤니케이션을 어떻게 유지하면 인간관계가 효과적인가를 연구한다.
2. 다양한 요구에 따른 유연성 있는 행동을 바르게 인식하기 위한 효과적인 과정인 방법을 익힌다.
3. 다른 사람들이 나를 어떻게 인식하고 있는가를 탐구한다.
4. 교섭과정을 통해 상대방에 대한 나의 행동을 변화시키는 기술을 한다.
5. 배운 사항(기법)을 현실(조직 및 사회)에 적용해 본다.
6. 이 프로그램을 통해서 배운 기술을 계속 사용해 나갈 계획을 수립한다.

2. 커뮤니케이션 5가지 중요성

1. 커뮤니케이션은 조직 활동을 영위해 나가는 데 순환계통과

같은 주요 기능을 하고 있다.

2. 성공적인 커뮤니케이션은 개인 및 부서 간의 협조, 협동체제 확립에 불가결한 요소이다.

3. 커뮤니케이션은 피드백, 목표설정, 동기부여, 지도, 평가 등 관리자의 모든 행위에 필수적인 요소이다.

4. 영업사원에게 고객과 훌륭한 인간관계를 유지하거나, 상품과 서비스를 구입하게 하기 위해서 효과적인 커뮤니케이션에 기초한 대인 관계 능력이 요구된다.

5. 조직구성원에게는 팀의 일원으로서 일을 하기 위해서나, 상사나 선배, 동료와 훌륭한 인간관계를 유지하기 위해 커뮤니케이션의 성공이 매우 중요하다.

제2장 유연성 소통기술

멘토는 살아 숨 쉬는 충격 흡수기라고 말할 수 있다. 멘토는 변화의 시대에 맞서 멘제를 보살피고 현재 직장에서 피할 수 없는 충격을 받아넘길 도구를 갖추고 있다. 멘토링의 도구와 기술이 있다면 어떤 일이든 처리할 수 있다. 나름대로 조직들은 관리 분야의 새로운 추세인 멘토링을 도입함으로써 급격한 변화에 대비한다. 다음은 유연성을 확보하는 방법이다.

1. 융통성을 발휘하라.

멘토는 관리자로서 융통성을 발휘해야 한다. 즉 현대 비즈니스 세계의 현실을 고려하여 융통성 있게 직원을 대하거나 다양한 계획을 세워야 한다. 사람을 대할 때도 융통성을 발휘해야 할까? 그렇게 하는 편이 좋다. 현대 직장인들은 자신의 욕구가 충족되지 않으면 자리를 박차고 나간다. 더 좋은 기회와 더 만족스러운 일을 찾아 사표를 던지는 것이다. 역동적인 업무를 제공하며 경력을 발전시킬 수 있는 가능성이 가장 큰 조직이 그런 직원을 낚아챈다. 따라서 멘토와 멘토링 프로그램을 갖춘 소식에 직원이 몰리는 현상은 어찌 보면 당연하다.

2. 직원의 잠재력은 무한하다. 끊임없이 자극하라.

오늘날 경쟁이 치열한 비즈니스 세계에서는 최고의 직원을 놓고 뜨거운 경쟁을 벌인다. 따라서 엄격한 관리 계층구조의 권위주의는 점점 와해될 수밖에 없다. 관리자가 권위적이거나 무관심하다면 유능한 직원을 확보하거나 직원의 잠재력을 최대한 이끌어 내지는 못할 것이다. 현명한 조직은 이러한 사실을 잘 알고 있기 때문에 관리자가 교사 겸 컨설턴트, 즉 멘토가 되도록 훈련을 시킨다.

인간의 잠재력은 무한하다. 하지만 적절한 자극을 주어야 한다. 경영진이 훌륭한 조직은 직원의 잠재력을 적극적으로 계발하고자 힘쓸 것이다. 하지만 이를 위해서는 전문 교육을 받은 현명한 멘토가 필요하다. 멘토가 없다면 멘제의 숨은 재능과 위대한 가능성은 그대로 묻힐 가능성이 크다. 직원 개개인에게는 업무를 더욱 훌륭하게 수행할 수 있는 아이디어를 포함하여 각종 아이디어가 넘친다는 점을 잊지 말자.

3. 새로움을 추구하라.

멘토는 항상 새로운 방식을 시도하기 때문에 본질적으로 정통에서 벗어난다. 흔히 직원의 특성이나 기술 수준을 바탕으로 결정을 내린다. 이처럼 개인에 초점을 맞추는 방식은 전통적인 관리 영역에 속하지 않는다. 이와 동시에 멘토는 특정한 비전을 가지고 있는 특정 조직을 위해 일한다. 멘토는 기업의 특정 목표에 따라 세부업무를 진행한다. 따라서 멘토는 비정통적인 방식으로 활동하는 동시에 특정한 지침을 따라야 한다.

멘토는 자신에게 가장 효과적인 방식을 택한다. 업무에 이용할 수 있는 요소(직원, 직원의 지식과 기술 등)와 멘제의 능력 그리고 무엇보다 동기를 확인한다. 그리고 멘제가 '할 수 있다'는 마음가짐을 갖도록 이끌어야 하는데, 직원이 정작 할 수 있다고 마음먹어야 업무 성과를 극대화할 수 있다.

4. 융통성 있는 체계를 창조하라.

조직에서 직원들은 저마다 다양한 의문과 관심사를 가지고 있다. 그들은 무엇보다 자신의 현재 임무에서 미래에 이르기까지 다양한 사실을 알고 싶어 하며, 또한 마땅히 알아야 한다. 의문점은 수없이 많은데 물어볼 사람이 없다면 얼마나 답답하겠는가? 따라서 직원의 의문점에 대해서는 멘토가 대답해 주어야 한다. 조직은 업무와 관련된 직원의 질문에 답하고 고민을 어느 정도 해결해 주는 대가로 멘토에게 보상을 내린다. 냉혹한 분위기의 조직이 인간미를 얻으려면 무엇보다 지원체계에 멘토를 투입하여 관리 면에서 융통성을 발휘해야 한다. 현대 비즈니스 세계에서 냉정하다는 평판을 없애고 멘제의 업무 성과와 역량을 극대화할 요소는 바로 인간미이다.

5. 지속적인 변화가 필요하다.

멘토링 프로그램은 융통성 있고 다양하지만, 관리방식의 변화를 지속적으로 추구해야 한다. 진부하고 낡은 전통적인 관리방식을 새 시대에 어울릴 만한 젊고 매력적인 방식으로 바꾸는 성형수술이 필요한 것이다.

멘토는 활기차고 매력적인 관리방식을 실천하며, 멘제에게 강압적인 태도를 취하거나 불가능한 일을 기대하지 않고 도전의 기회를 제공해야 한다. 조직의 새로운 얼굴은 멘토 그리고 직원 및 멘제 모두에게 다양한 혜택을 제공한다.

6. 유연성에 대한 자기인식

아래 내용을 생각해 보고 당신이 어디에 속할 수 있는지 1점에서 4점 사이에 X표 하라.

	1	2	3	4	

1) 비협조적인 – – – – – – – – – – – – – – – – – – 협조적인

2) 무딘(퉁명스러운) – – – – – – – – – – – – – – – 적절한

3) 가식적인 – – – – – – – – – – – – – – – – – – 진실한

4) 고정된 – – – – – – – – – – – – – – – – – – 변경 가능한

5) 산만한 – – – – – – – – – – – – – 분명한(뚜렷이 구분되는)

6) 의지할 수 없는 – – – – – – – – – – – – – 의지할 수 있는

7) 보기 흉한 – – – – – – – – – – – – – – – – – – 우아한

8) 게으른 – – – – – – – – – – – – – – – – – – – 부지런한

9) 자기 지향적 – – – – – – – – – – – – – – – – 타인 지향적

10) 너절한 – – – – – – – – – – – – – – – – – – 질서 있는

11) 정중하지 못한 – – – – – – – – – – – – – – – – 정중한

제3장 공감성 소통 기술

1. 공감성을 높이는 기술

1) 상대방의 이야기를 적극적으로 경청한다.

상대방의 이야기를 경청함으로써 상대방의 입장에서 생각하고 느끼고 있음을 전달할 수 있다.

2) 비판적, 충고적 태도를 버린다.

비판이나 충고는 상대방에게 '설복'당할 것을 요구하는 것처럼 느껴져, 방어적인 자세(defensiveness)를 취하도록 만들어 버린다.

3) 상대방이 말하는 의미 전체를 듣는다.

말하는 것에는 내용과 그 밑에 흐르는 기분 등 두 가지가 있다. 말에만 사로잡히지 말고, 기분을 이해하도록 유의한다.

4) 상대방에게 기분을 전달하는 데는 신체언어(body language)를 활용한다.

고개를 끄덕이거나, 맞장구치거나, 상대방의 눈을 바라보고 이야기하는 등 목소리, 억양, 눈동자의 움직임, 감정, 손 움직임을 효과적으로 구사한다.

5) 감성을 억세한다.

감정을 높이는 것은 공감을 이루는 가장 나쁜 적이라고 생각하고, 감정이 고양되면 이야기를 피한다.

6) 피드백을 한다.

상대방이 말하는 것을 자기의 말로 고쳐 보고 확인한다.

7) 솔직하면서도 알기 쉬운 말씨를 구사한다.

복선을 깔지 않는 솔직한 말씨나 부드럽고 알기 쉬운 말씨는 그 기분이 쉽게 전달된다.

8) 상대방의 의견에 찬동한다.

상대방의 의견을 적극적으로 받아들여 찬동을 표명한다.

9) 애매한 점에 관용을 베푼다.

매사에는 애매한 면이 많다. 상대방의 애매한 점에 관용을 베풀어야 한다.

2. 공감을 높이는 커뮤니케이션의 종류

1) 평가적 커뮤니케이션

상대방이 한 발언에 대해 좋은가, 나쁜가, 적절한가, 효과적인가
의 여부를 판단해 주는 말씨로 이야기하는 것이다.

2) 해석적 커뮤니케이션

상대방의 발언을 자기 나름대로 해석하여 상대방과 이야기하는
것, 즉 의미를 설명하는 것이 중심이 된다.

3) 탐색적 커뮤니케이션

상대방이 말하려는 내용을 좀 더 알고 싶다거나, 깊이 알고자
파고들어 경청해 나가는 화법을 뜻하는 것이다.

4) 지지적 커뮤니케이션

상대방의 기분이나 생각을 지지하여 불안감이나 공포감을 완화
시키는 화법을 뜻한다.

5) 이해적 커뮤니케이션

상대방의 생각이나 감정을 올바로 이해하여 수용하고 있음을 뜻
한다.

■ 학습정리

1. 신뢰성 소통 기술로 상대당의 욕구에 부응하는 프로그램을 이해할 수 있다.
2. 유연성 소통 기술로 시대의 급격한 변화의 대비책으로 멘토링을 도입하고 겸해서 유연성 기술의 중요성을 확인할 수 있다.
3. 상대방을 배려하는 멘토링의 기법으로 공감성 소통기술을 이해할 수 있다.

■ 학습평가

문1: 신뢰성 소통 기술에서 옳지 않는 것은?

① 신뢰를 얻으려면 상대방의 욕구를 옳게 이해해야 한다.
② 소통의 목적에서 다른 사람들이 나를 어떻게 인식하고 있는가를 탐구한다.
③ 성공적인 소통은 개인 및 부서 간의 협조체제 확립에 불가결한 요소이다.
④ 커뮤니케이션의 기본은 경쟁(Competition)을 쌓아 올리는 데 있다.
(답 ①) 커뮤니케이션의 기본은 신뢰(Trust)를 쌓아 올리는 데 있다. 커뮤니케이션에서 경쟁은 멀리해야 할 주제다.

문2: 유연성 소통 기술 설명 중 옳지 않는 것은?

① 융통성을 발휘하라.

② 멘토는 정통성을 추구하라.

③ 직원의 잠재력은 무한하다. 끊임없이 자극하라.

④ 융통성 있는 체계를 창조하라.

(답 ②) 새로움을 추구하라. 멘토는 항상 새로운 방식을 시도하기 때문에 본질적으로 정통에서 벗어난다.

문3: 공감성 소통 기술 설명 중 옳지 않는 것은?

① 상대방의 말하는 의미 핵심을 듣는다.

② 상대방의 이야기를 적극적으로 경청한다.

③ 비판적, 충고적 태도를 버린다.

④ 감정을 억제한다.

(답 ③) 상대방이 말하는 의미 전체를 듣는다. 말하는 말에만 사로잡히지 말고, 기분을 이해하도록 유의한다.

멘토링 경청기술

■ 도입사례

NO 사례 8 유승삼(한국마이크로 소프트 대표)

　유승삼 전 한국마이크로 소프트 대표는 97년부터 안철수 연구소 이사회의장의 멘토로 경륜을 공유하고 있다. 그는 안 의장이 의사와 사업가로서 길을 고민할 때 "둘 다 하면 아무것도 못 한다. 가슴 뛰는 일 하나만 하는 게 좋겠다."고 조언했다. 유 씨는 "경영에 자신이 없는 CEO는 멘토에게 도움을 받을 수 없다."며 "멘토란 CEO가 할 수 있는 일을 더 잘할 수 있도록 돕는 사람이다."라고 강조했다. 유순신 유앤파트너스 대표도 CEO와 주요 인재들을 대상으로 경력관리 멘토링 서비스를 하고 있다.

　멘토들은 말이나 글로 설명하기 어려운 암묵지(暗默知)를 전수한다. 경험과 노하우 등 글로 전달할 수 없는 창의적인 지식 정보를 멘토가 멘제와 공유해 이를 창의적으로 활용할 수 있도록 돕는다. 자신이 부족한 부분을 보충하는 데는 직위와 나이도 문제가 되지 않는다. 높은 직급에 있는 경영진이 후배 사원에게 배우는 '리버스 멘토링(Reverse Mentoring)'도 급부상하고 있다.

■ 생각해 봅시다.

　예) 본 사례를 통해 여러 분은 어떤 점을 느끼셨습니까?
　오늘날 안철수 의장이 자기의 성공요인으로 유승삼 멘토로부터 어떤 조언에 귀를 기울였습니까?
　* 학습자 의견:

－－－－－－－－－－－－－－－－－－－－－－－－－－
－－－－－－－－－－－－－－－－－－－－－－－－－－
－－－－－－－－－－－－－－－－－－－－－－－－－－
－－－－－－－－－－－－－－－－－－－－－－－－－－

　* 전문가 의견:
　유승삼 멘토는 "경영에 자신이 없는 CEO는 멘토에게 도움을 받을 수 없다."며 "멘토란 CEO가 할 수 있는 일을 더 잘할 수 있도

록 돕는 사람이다."라고 강조했고 안철수 님은 이 조언에 경청을
한 것이다.

이 점을 참작하여 다음 페이지에 멘토/멘제 상호 간 멘토링 활
동 촉진기술로 경청의 중요성과 기법을 소개한다.

경청의 가장 좋은 기법은 멘토/멘제가 상호 간 이야기를 마음으
로 듣고 서로 간 피드백을 해 주는 것이며 이러한 경청은 멘토링
활동촉진의 지름길이다.

■ 학습개요

경청 스킬은 멘제의 이야기를 어떤 식으로 듣느냐 하는 듣기 방
법과 기술이다.

어떤 경청 방법이 멘제의 가능성을 최대한 끌어낼 수 있는지가
포인트이다.

멘제의 이야기를 듣는 태도에 따라 '귀로 듣는다', '입으로 듣는
다', '마음으로 듣는다'로 구분할 수 있다. 멘제의 역량개발과 업무
능력 향상을 위해 가장 좋은 방법은 '마음으로 듣는다'라고 볼 수
있겠다.

■ 학습목표

1. 효과적인 경청에 유의 사항 5가지를 이해할 수 있다.
2. 경청의 기술을 3단계로 설명할 수 있다.
3. 경청 셀프 테스트로 4가지 지향을 이해할 수 있다.

■ 학습내용

제1장 효과적인 경청
제2장 경청의 단계
제3장 경청의 셀프 테스트

■ 학습 전 힌트

멘토 김 팀장 – 잘못된 접근

멘제인 최 과장은 환경에 관한 민원을 접수하고 그에 관한 대안을 마련하고자 멘토인 김 팀장을 찾았다. 최 과장은 민원을 요약하여 정성스럽게 서류를 만들어 조목조목 설명하였다. 김 팀장은 계속해서 자기 책상 위에 서류를 곁눈질하면서 "최 과장 요점만 말해. 지금 내가 좀 바쁘니까!" 하면서 건성으로 듣는 모습을 보였다.

멘제 최 과장 - 궁금증

왜! 멘토 김 팀장이 자신이 정성스럽게 요약한 자료를 경청하지 않고 건성으로 들을까 하고 깊이 생각에 잠겼다.

왜 최 과장은 김 팀장의 멘토링에 대해 그런 식으로 생각했을까?

최 과장 입장에서는 왜 김 팀장이 멘토링의 경청기술에 관하여 상호 간 대화의 매너를 무시할까에 이해할 수가 없었다.

멘토 김 팀장 - 올바른 접근

김 팀장은 어떻게 멘토링하는 것이 좋을까? 지금부터 같이 알아보자.

김 팀장은 먼저 자기가 바쁜 시간일 때는 사유를 이야기하고 다음 시간을 약속해야 한다. 이왕 상호 간 이야기 자리가 만들어졌으면 3단계의 경청 방법인 '마음으로 듣는 방법'으로 '멘토의 척도'가 아니라 '멘제의 척도'로 듣는 것이다.

예를 들어 이야기를 경청한 후 "그래, 최 과장 의견도 일리가 있지만 내 생각에는 이쪽이 자네를 위해 더 나을 걸세! 어떤가?" 하는 방식이 올바른 멘토링으로 접근이다.

■ 학습하기

제1장 효과적인 경청

경영에서 멘토링은 이벤트적인 것보다는 일정기간 관계를 맺는 과정이다. 멘토가 멘제와 경청 기술을 향상시킬 수 있는 몇 가지 방법을 이렇게 제시해 본다.

첫째, 집중하는 것이다. 내부의 산란함(혼자만의 생각)과 방해가 되는 환경을 제거하거나 무시함으로써 말하는 사람에게 초점을 맞출 수 있다.

둘째, 상대에 대한 감사를 표현하는 것이다. 상대의 적극적인 관심과 주목에 언어와 비언어적 표현으로 감사를 표명하라.

셋째, 질문을 통해 상대에 대한 조사를 하는 방법이다. 멘토는 능숙한 질문을 통해 멘제에 대한 정보를 수집한다.

넷째, 감정적 통제가 필요하다. 멘토는 다른 사람들과 마찬가지로 멘제의 감정이 섞인 단어와 문장, 제스처에 반응한다. 또한 몸의 자세, 태도, 잘못된 문법 구사에도 반응할 수 있다. 멘토는 효과적인 경청을 위해 이러한 반응을 통제해야 한다.

다섯째, 끊임없는 판단이 필요하다. 멘토는 말의 속도, 음량, 음조, 리듬, 억양뿐만 아니라 손발이나 표정, 몸으로 표현되는 비언어적 메시지에도 귀를 기울여야 한다. 이러한 것이 멘제의 감정적 상태와 의도를 드러내 주기 때문이다.

여섯째, 멘제가 전하고자 하는 메시지의 구조를 파악해야 한다.

멘제가 어떤 식으로 추론을 하는지, 요점에서 요점으로 어떻게 옮겨 가는지, 생각을 어떻게 정리하고 통합해서 이야기하는지를 알아내야 한다.

제2장 경청의 단계

상대의 이야기를 듣는다는 것은 도대체 어떤 것일까? 멘토링에서는 이야기를 듣는 태도에 따라 다음 세 단계로 나눌 수 있는데 1단계는 '귀로 듣는다', 2단계는 '입으로 듣는나', 3단계는 '마음으로 듣는다'가 바로 그것이다.

이 세 단계 모두 상대방의 이야기를 듣는 것이기는 하지만, 단계에 따라 상대에게 미치는 영향은 크게 차이가 난다. 그리고 상대의 자아실현을 목적으로 한다면 3단계인 '상대의 이야기를 마음으로 듣는다'가 꼭 필요하다.

그런데 앞에서 "저는 아랫사람이 하는 말을 정말 열심히 듣습니다."라고 말한 상사는 1단계 내지 2단계에서 그치고 있는 경우가 대부분이다. 경청의 단계별 차이를 구체적으로 알아보자.

1. 1단계: 이야기를 귀로 듣는다.

이야기를 경청하기 위해서는 먼저 귀를 열어야 한다. 반드시 귀를 열어야만 하는 것은 아니다. 듣는 데 필요조건이지만 충분조건은 아니다. 즉 단지 귀를 열고 있다고 해서 상대방이 하는 말을 진심으로 들을 수 있는 것은 아니다. 잡념, 사념, 고정관념, 선입견은 모두 잡음이 되어 상대가 말하는 내용이 머릿속에 들어오는 것을 방해한다. 따라서 상대의 이야기를 진정으로 경청하기 위해서는 듣는 사람 자신의 머릿속에서 그런 잡동사니를 몰아내야만 한다.

1단계 경청 방법에서 벗어나려면 사상 스스로 의식의 화살표를 180도 방향을 돌려 멘제에게로 향하게 하는 것이 '경청스킬'의 가장 중요한 첫걸음이다.

[귀로 듣는다]

1) 의미: 겉으로는 듣는 척하고 머리로는 딴 생각으로 가득 찬 상태 * 잡념, 사념, 고정관념, 선입견 등등

2) 표현: 첫째, 요점만 말해. 난 지금 바쁘단 말이야!

둘째, 그건 옳아, 그건 틀려 식의 고정관념

셋째, 자네가 말하고 싶은 건 분명 이러한 것일 거야 식의 선입견

3) 개선: 멘제 중심의 180도 경청 방향으로 선회해야 함.

2. 2단계: 이야기를 입으로 듣는다.

2단계는 단지 수동적으로 상대의 이야기를 듣고만 있는 것이 아니라 질문 스킬을 구사해 적극적으로 멘제의 이야기를 듣는 방법이다. 즉, 상사가 멘제의 이야기를 들을 때 귀뿐만 아니라 입을 사용하게 되면 '나는 자네가 하는 말을 신중하게 듣고 있다네.'라는 표현을 멘제에게 전하게 된다. 더구나 상대의 말을 듣는 도중 상대에게 질문하면 '아, 우리 멘토는 내 이야기를 귀 기울여 듣고 있

구나!' 하는 좋은 인상을 심어 주어 멘토와 멘제의 대화가 한층 더 부드러워진다.

침묵으로 일관하며 멘제의 이야기를 입으로 경청하기 위해서는, 멘제의 음성이 아닌, 말하고자 하는 내용에 중점을 두어야 한다. 하지만 그 내용이 멘토만을 위한 것이라면 아무리 적극적으로 질문을 던지더라도 진정으로 멘제의 이야기를 듣는 것은 아니다. 멘토 자신에게 의식의 화살이 가고 있으면 근본적으로 앞서 설명한 1단계의 경청 방법과 크게 다르지 않다. 그러므로 진정으로 멘제의 이야기를 경청하기 위해서는 의식의 화살을 멘제에게 돌리는 게 중요하다.

[입으로 듣는다]
1) 의미: 첫째, 멘제의 이야기를 귀담아듣는 스타일로 '신중하게 듣는 중이야'라는 반응을 보인다. - 면접시험과 스타일
   둘째, 문제점: 누구를 위해 듣는가? - 나를 위해 듣는 면접시험관?
2) 바른 경청:
   첫째, 멘제 중심의 경청으로 관심을 보일 수 있는 입으로 질문하는 스타일
   둘째, 음성을 듣는 것이 아니라 말하는 내용에 중점을 둠.

3. 3단계: 이야기를 마음으로 듣는다.

3단계에서 멘토는 자신의 귀와 입, 그리고 마음을 동원해야 한

다. 멘토링에서의 '경청 스킬'은 바로 이 3단계의 경청 방법을 말한다.

그럼 '멘제의 이야기를 마음으로 듣는다'는 것은 어떤 것일까? 이는 '멘제를 위해 이야기를 듣는' 것이다. 즉 '어떻게 하면 멘제가 본래 지니고 있는 능력이나 가능성을 최대한 발휘해서 자아실현을 할 수 있을까'라는 문제를 염두에 두면서 멘제의 이야기를 듣는 것이다.

3단계의 경청 방법을 달리 표현하면, 나의 척도인 '멘토의 척도'가 아닌 상대방의 척도인 '멘제의 척도'로 이야기를 듣는 것이다. 여기에서 척도란 그 사람 입장에서의 사고방식이나 사물을 보는 관점을 가리킨다.

[마음으로 듣는다]

1) 의미: 첫째, 멘제의 자아실현을 위하여 가장 좋은 경청 방법이다.

둘째, 멘제 입장에서 이야기를 경청하고 멘제가 느낄 수 있는 반응이다.

셋째, 자아실현 - 멘제가 스스로 해답을 찾을 수 있도록 서포트

2) 서포트 방법:

첫째, "이쪽이 자네를 위해 더 나을 걸세."

둘째, 멘토의 척도가 아니라 멘제의 척도에 맞게 대응

셋째, 멘제가 이야기하고 싶은 것을 듣는다.

제3장 경청의 셀프 테스트

말 잘하는 사람이 부럽다면, 상대방의 마음을 사로잡고 싶다면 먼저 잘 들어라.

귀를 쫑긋 세우고 마음을 열어 경청하라. 경청은 멘토/멘제가 성공적 대화를 위한 첫 번째 기술이다. 경청을 하는 태도에도 유형이 있다. 당신은 어떤 유형에 속하는가? 다음의 셀프 테스트를 통해 알아보자.

구분	NO	설문 진단도구	점수				
			1	2	3	4	5
01 사람 지향	1	상대방의 말을 들을 때 그 사람의 느낌에 귀를 기울인다.					
	2	상대방의 말을 들으면 기분이 좋은지 그렇지 않은지 금세 알아차린다.					
	3	상대방이 자기 문제를 털어놓을 때 그 사람의 말에 금방 몰두한다.					
	4	새로 알게 된 사람의 말을 들을 때 공통의 관심사를 찾으려고 노력한다.					
	5	다른 사람이 말을 할 때 눈짓이나 고갯짓으로 흥미를 표현한다.					
02 행동 지향	6	다른 사람이 자기 생각을 조리 있고 효과적으로 표현하지 못하면 갑갑해한다.					
	7	다른 사람의 말을 들을 때 내용의 불일치나 모순점에 집중한다.					
	8	말하는 사람의 생각을 건너뛰거나 예단한다.					
	9	대화 도중에 곁가지를 치며 다른 얘기를 꺼내는 사람이 정말 싫다.					
	10	말하는 사람이 더 빨리 요점에 도달할 수 있게 질문을 던진다.					
03 내용 지향	11	모든 사실을 듣고 나서야 판단을 내리거나 의견을 내놓는다.					
	12	기술적인 정보를 선호하는 편이다.					
	13	의견이나 주장보다는 내가 직접 판단 평가해 볼 수 있는 사실이나 증거를 듣고 싶어 한다.					
	14	복잡한 정보를 듣는 게 즐겁고 좋다.					
	15	추가적인 정보를 캐내기 위해 질문을 던진다.					
04 시간 지향	16	바쁠 때면 이야기를 들어줄 시간이 한정돼 있음을 상대방에게 말한다.					
	17	토론을 시작하기 전에 얼마나 오래 기다렸는지부터 말한다.					
	18	시간이 없다 싶으면 상대방이 말을 하는 도중에라도 끼어든다.					
	19	시간이 없다 싶으면 말을 하고 있어도 손목시계나 벽시계를 쳐다본다.					
	20	시간이 압박을 느낄 때면 다른 사람의 말에 대한 집중력이 떨어진다.					

[점수평가]

01 01~05번 문항에 4 또는 5를 표기한 횟수:

사람 지향적 — — — — — — — — —O

02 06~10번 문항에 4 또는 5를 표기한 횟수:

행동 지향적 — — — — — — — — —O

03 11~15번 문항에 4 또는 5를 표기한 횟수:

내용 지향형 — — — — — — — — —O

04 16~20번 문항에 4 또는 5를 표기한 횟수:

시간 지향형 — — — — — — — — —O

당신은 어떤 항목에서 가장 높은 점수를 얻었는가? 각 항목들 사이의 점수 편차는 당신의 듣기 성향에 대한 정보를 담고 있다. 4~5점은 강한 성향, 3점은 보통 성향, 1~2점은 약한 성향, 0점은 성향이 없는 것이다. 만약 두 개 이상의 항목에서 4~5점을 얻었다면 당신은 복합적인 듣기 성향을 가진 사람이다. 반대로 모든 항목에서 0점을 얻었다면 당신은 듣는 것 자체를 회피하고 있을 가능성이 크다.

■ 학습정리

1. 경청의 기술을 향상시킬 수 있는 5가지 방법을 이해할 수 있다.
2. 경청의 기술 3단계 즉 귀 단계, 입 단계, 마음 단계를 확인할

수 있다.

3. 경청의 4가지 테스트로 사람, 행동, 내용, 시간 지향을 이해할 수 있다.

■ 학습평가

문1: 효과적인 경청에서 옳지 않는 것은?

① 집중하는 것이다.

② 이벤트성으로 진행하는 것이다.

③ 상대에 대한 감사를 표현하는 것이다.

④ 끊임없는 판단이 필요하다.

(답 ①) 멘토링 소통은 이벤트적인 것보다는 일정기간 관계를 맺는 과정중심으로 진행한다.

문2: 경청의 3단계 설명 중 옳지 않는 것은?

① 열심히 듣는다.

② 귀로 듣는 단계다.

③ 입으로 듣는 단계다.

④ 마음으로 듣는 단계다.

(답 ②) "아랫사람이 하는 말을 정말 열심히 듣습니다."라고 말한다는 귀로 듣는 단계 그리고 입으로 듣는 단계에 그치고 있는 경우가 대부분이다.

문3: 경청 셀프 테스트 설명 중 옳지 않는 것은?

① 사람 지향 테스트

② 행동 지향 테스트

③ 내용 지향 테스트

④ 감정 지향 테스트

(답 ③) 시간 지향 테스트다. 감정 지향은 사람, 행동, 내용에 골 고루 포함되었다.

멘토링 문제 해결의 기술

■ 도입사례

NO 사례 9 민승규(삼성경제연구소 수석연구원)

한미 간 자유무역협정(FTA) 협상이 본격화하면서 '벤처농업'이 주목받고 있다. 시장 개방으로 위기에 처한 전통농업과 차별화하고 농업의 미래를 찾고 싶다는 이유에서다. 벤처농업은 벤처기업 분류에는 없는 종목이다. 농업기업인들이 민승규 삼성경제연구소 수석연구원(농업경제학 박사)의 멘토링을 받으면서 스스로를 벤처 농업인이라고 불렀다. 민 박사는 97년부터 벤처농업대학을 만들고 10

년째 무보수로 교육과 함께 멘토링 활동을 하고 있다. 그동안 그의 멘토링을 받은 멘제만도 500곳이 넘는다. 벤처 농업인들은 사업 기획단계에서 생산/판매에 이르기까지 전문가 도움이 필요하면 민 박사를 찾는다. 이처럼 스승이나 선배로서 멘토의 조언 한마디가 사업 미래를 설계해 주고 인생을 바꿔 놓는다.

■ 생각해 봅시다.

예) 본 사례를 통해 여러 분은 어떤 점을 느끼셨습니까? 벤처 농업인들이 멘토인 민승규 님을 찾는 이유는 무엇일까요?

*학습자 의견:

– –

– –

– –

*전문가 의견:

1) 한미 자유무역협정(FTA)이 본격화되면서 시장개방으로 위기에 처한 전통농업과 차별화하고 농업의 미래를 찾고 싶다는 이유에서다.

2) 민승규 멘토님은 10년째 무보수로 교육과 함께 멘토링 활동을 하고 있다.

3) 민 박사님은 전문가로서 기획단계에서 생산/판매에 이르기까지 조언을 아끼지 않는다.

이 점을 참작하여 다음 페이지에서는 멘제의 업무적인 면과 인간적인 면에서 문제 해결에 관한 기법을 소개한다.

문제 해결에 관한 멘토의 조언은 멘제의 자발성, 자긍감, 자율학습을 촉진해 주는 차원에서 조언이 이루어져야 한다.

■ 학습개요

문제 해결과 관련하여 멘세가 받아야 할 조언의 내부분은 다음과 같이 간단한 문장으로 표현할 수 있다. "하지 말라!" 멘토는 멘제를 대신해 문제를 해결해 주어서는 안 된다. 그렇게 함으로써 멘제의 자발성, 자신감, 학습의 진척을 훼손할 수 있기 때문이다.

■ 학습목표

1. 목표관리 7개와 변화 관리 3가지를 이해할 수 있다.
2. 관계 형성 기술 3가지와 갈등 해소 유의사항을 설명할 수 있다.
3. 문제 해결 노하우 3가지와 질문사례 5가지를 이해할 수 있다.

▣ 학습내용

제1장 목표설정과 변화관리
제2장 관계 형성과 갈등 해소
제3장 문제 해결 기술

▣ 학습 전 힌트

멘토 김 팀장 - 잘못된 접근

멘토인 김 팀장은 어느 날 멘제인 최 과장과 업무분장에 관한
이야기를 나누는 자리에서 현재 다루고 있는 건축 업무에 민원 업
무, 교통단속 업무 등을 추가하기를 원했다.

멘제 최 과장 - 궁금증

멘제인 최 과장은 김 팀장에게 자신의 능력을 인정해 주는 차원
에서 고맙게 생각하는 한편 아무래도 과중한 업무로 여기고 한편
으로는 자신의 생각보다는 김 팀장의 생각에서 밀어붙이는 것으로
여기고 깊이 생각에 잠겼다.

왜 최 과장은 김 팀장의 멘토링에 대해 그런 식으로 생각했을까?

최 과장 입장에서는 왜 김 팀장이 멘토 입장에서 밀어붙이려고 하는 것일까? 멘토링에서는 멘제에게 멘토의 과욕보다는 멘제의 입장에서 최종결정을 하도록 되어 있는 것으로 김 팀장의 의견을 이해할 수가 없었다.

멘토 김 팀장 - 올바른 접근

김 팀장은 어떻게 멘토링하는 것이 좋을까? 지금부터 같이 알아 보자.

김 팀장은 먼저 멘토링 활동은 멘토의 일방적인 과욕보다는 멘제가 멘토링 관계를 주도하도록 할 것에 유념하여야 한다.

멘제의 의견, 아이디어, 주제 논의 등에 열린 마음을 가지고 문제 해결 방법을 찾아야 할 것이며 한발 더 나아가 멘제가 멘토를 관리하는 방법까지도 배울 수 있도록 도와주어야 멘토링으로 올바른 접근이다.

■ 학습하기

제1장 목표 설정과 변화 관리

1. 목표 설정

멘토링 관계와 관련된 목표 설정은 대부분 협상 단계에서 이루어진다. 멘토링 관계의 목표가 분명하고 성취할 수 있는 것이어야 하는 것처럼, 멘제가 스스로 설정하는 학습 목표 또한 그래야 한다.

이때에도 멘토는 멘제를 위해 지나치게 많은 것들을 해 주려는 태도를 버려야 한다. 멘토에게는 멘제가 자신이 저질렀던 것과 같은 전철을 밟지 않도록 보호해 주고 싶은 마음이 생길 수도 있다. 그러나 이들 대부분은 질문과 숙고를 통해, 멘제가 스스로 적절하고 현실성 있으며 성취 가능한 목표를 설정하도록 돕는 과정으로 대체될 수 있다.

목표 설정의 단계는 다음과 같이 나눌 수 있다(브라이언 트레이시).

1) 자신의 삶의 영역에서 자신이 정확히 무엇을 원하는지를 결정하라.
2) 원하는 것을 구체적으로 문서화하라.
3) 목표에 대한 데드라인을 정하라.
4) 목표 달성을 위해 해야 할 모든 것에 대한 리스트를 작성하라.
5) 리스트를 계획으로 조직하라.
6) 즉각 계획을 실행하라.

7) 당신의 주요 목표가 무엇이든 목표를 지향하는 일을 매일 하
   겠다고 결심하라.

2. 변화 관리

오늘날의 조직에는 지속적인 변화의 바람이 불고 있으며, 자원
과 조직의 프로세스를 지휘했던 CEO들은 이제 비전을 유지하고,
복잡한 환경에서 질서를 모색해야 하며, 업계 공동으로 변화를 관
리해야 한다. 멘토링 관계는 이렇게 변화하는 환경에서 그 역할을
다해야 한다. 따라서 멘토링 파트너들은 다음과 같은 일을 행해야
한다.

[변화 관리의 기술]
- 직장에 영향을 주는 모든 변화를 가능한 한 식별한다.
- 이러한 변화가 멘제와 그들의 경력에 어떤 영향을 미치는지
  이해한다.
- 멘제가 변화를 뛰어넘고 관리할 수 있도록 돕는 전략과 대응
  과제를 확인한다.

산업 시대의 CEO는 적절한 지시와 업무성과 프로세스 통제를
통한 안정적인 환경 조성 능력으로 직원들의 고분고분하고 순종적
인 태도를 촉진하는 데 일조했다.

지식 시대의 급속히 변화하는 환경에서는 멘제가 긍정적인 대응
과제의 범위를 넓히고 비생산적인 메커니즘을 피할 수 있도록 멘
토가 도움을 주는 것이 필요하다.

제2장 관계 형성과 갈등 해소

1. 관계 형성 기술

멘토와 멘제의 관계는 매우 특별한 관계이다. 멘토와 멘제 사이의 미묘하고 복잡한 역학관계는 다른 어떤 관계에서도 찾아볼 수 없다. 그러나 멘토 – 멘제 관계 역시 완벽하지 않으며, 인간적인 실수에 의해 망가질 수 있다는 점에서는 다른 모든 관계와 다를 바가 없다. 때로는 갈등이 발생하기도 하고, 서로 만족하지 못하는 상황이 발생하기도 하며, 좋지 않은 결말을 맞이하기도 하는 것이다. 때로는 불건전하고 무익하며, 심지어는 파괴적인 관계가 되는 경우도 있다. 이것이 바로 멘토들이 인정하기 싫어하는 멘토링의 어두운 일면이다.

멘제를 위한 학습 환경 조성법
- 자발적인 학습 접근법을 격려한다.
- 멘제의 목표 설정과 실천을 존중한다.
- 통찰력 있지만 비판적이지 않는 피드백을 제공한다.

이러한 학습 분위기 조성의 예를 들어 보자. 한 메이저 컨설팅 조직의 보고에 따르면, 어떤 조직의 회장실에 전문 잡지를 비치해 두자 직원들의 독서가 늘어났다고 한다. 직원들은 조직에서 구독하지 않는 잡지들을 스스로 기부하기 시작했다. 이후 "~에 대한 기사 읽어 봤어?"라는 대화가 직원회의에서 자주 등장했으며, 이로 인해 잡지 읽기를 통한 비공식적 학습이 훨씬 강화되었다는 것이다.

CEO와 멘토는 학습 기회를 창출하기 위해 긍정적인 관계를 형성하고 조직 내의 모든 동료들과 파트너십 및 동맹을 구축함으로써 직원들이 학습하고 성장할 수 있는 환경을 조성한다. 이러한 파트너십은 쌍방의 이익, 상호 의존, 존중을 바탕으로 한다.

2. 갈등 해소 기술

멘토링 관계에서의 갈등은 여러 가지 원인으로 발생할 수 있다. 갈등의 씨앗은 멘토와 멘제의 서로 다른 성겨 속에 잠재되어 있나가, 업무와 조직, 또는 관계에 대한 태도나 스타일, 의사소통의 분위기를 기화로 나타날 수 있다. 파트너들이 초기에 협상했던 역할과 목표에 대한 이해가 달라지거나 변화할 수도 잇다. 갈등은 또한 멘토링 관계의 외부적인 문제로 인해 발생할 수도 있다. 예컨대 양측의 개인적인 생활에서 스트레스가 발생해 멘토링 관계에까지 영향을 미칠 수 있는 것이다.

멘토는 이러한 갈등을 외면해서는 안 된다. 갈등을 올바르게 다루려면 서로 다른 시야와 관점을 관리하고 제거할 것이 아니라 이해하고 인정해야 한다. 갈등 역시 멘토링 파트너십의 일부라는 것을 인식해야 한다.

직장이 점차 다양해짐에 따라 CEO와 멘토는 성이나 인종, 문화와 관련해 적절한 시각과 태도를 가져야 한다. 멘토와 경영자는 자신만의 생각과 편견을 인식하고, 이를 직원이나 멘제와의 관계에 주입시키지 않도록 주의해야 한다.

제3장 문제 해결 기술

1. 문제 해결 기술

문제 해결과 관련하여 멘토가 받아야 할 조언의 대부분은 다음과 같이 간단한 문장으로 표현할 수 있다. "하지 마라!" 멘토는 멘제를 대신해 문제를 해결해 주어서는 안 된다. 그렇게 함으로써 멘제의 자발성, 자신감, 학습의 진척을 훼손할 수 있기 때문이다.

그럼에도 불구하고 멘토가 자신만의 문제 해결 노하우를 개발해야 하는 이유는, 그래야만 멘제가 자신만의 문제 해결 노하우를 개발하도록 도울 수 있기 때문이다. 잘 개발된 문제 해결 노하우는 멘토가 다음과 같은 일을 할 수 있도록 도움을 줄 것이다.

[문제 해결 노하우의 기능]
- 적절한 정보 제공
- 다양한 옵션 탐구 격려
- 예리한 질문

위에 열거한 세 가지는 멘토가 자신만의 문제 해결 노하우를 이미 터득하고 있을 때 더욱 효과적으로 사용할 수 있는 멘토링의 기술들이다. 이 가운데 예리한 질문은 특히 멘제가 스스로 문제 해결 노하우를 터득하도록 도움을 주는 경우가 많은데, 예컨대 다음과 같은 질문들이 멘토링 과정에서 등장할 수 있을 것이다.

[문제 해결을 위한 질문의 사례]

- 과거에 이런 문제에 부딪힌 적이 있는가?
- 과거에 이런 문제를 다룰 때 어떤 전략을 사용했는가?
- 이런 문제를 다룰 때 당신이 임의대로 사용할 수 있는 자원은 무엇인가?
- 어떤 결과를 바라는가?

만약 멘제가 문제 해결에 있어 잘못된 선택을 하고 있다는 생각이 들면 멘토는 멘제에게 지속적으로 질문을 해서 멘제가 시야나 옵션의 범위를 넓힐 수 있도록 도울 수 있다. 예를 들어 "이 해결 방안을 선택할 경우 당신 자신과 동료에게, 그리고 다른 잠재적 옵션에 어떤 영향을 미칠 수 있다고 보는가?"라는 질문을 할 수 있다.

2. 문제 해결을 위한 멘토 에티켓

1. 멘제가 멘토링 관계를 주도하도록 할 것. 멘제의 아이디어, 주제 논의 등에 열린 마음을 가지고 대할 것. 멘제가 멘토를 관리하는 방법도 배우도록 도와줄 것.
2. 멘제의 시간을 자신의 시간처럼 존중할 것.
3. 멘토 자신의 요구와 한계를 분명히 밝힐 것(예: 시간제약, 상호 작용 스타일 등).
4. 제안해도 좋은지, 비평해도 좋은지를 항상 물어볼 것.
5. 멘제에게 멘토의 제안을 모두 실행할 것을 기대하지는 않는

다고 말해 줄 것.

6. 멘제가 자신의 목표(멘토의 목표가 아닌)를 향해 움직이도록 할 것.

7. 멘제가 직접적으로 준 도움과 그 밖에 취한 조치에 대하여 감사를 표현할 것.

8. 갈등이 있을 때 이를 인정하고 해결할 것. 멘제에게 토론 시 다른 의견을 제시해도 좋다고 이야기해 줄 것. 필요하면 제3자의 지원을 요청할 것.

9. 멘토/멘제 관계를 인간적인 관계로 유지할 것.

10. 다른 사람에게 멘제 얘기를 할 때는 긍정적이고 중립적인 코멘트만을 할 것. 멘제의 행동이나 가치관에 대해 이견이 있다면, 멘제에게 직접 당신의 견해를 밝히고 의논할 것. 그래도 멘제가 바뀌지 않으면, 관계종결의 단계를 밟고, 다른 멘토를 찾아 주도록 할 것.

11. 12개월이 지나면 관계(적어도 멘토/멘제 측면)를 끝낼 준비를 할 것(상호 합의한 경우 그 전에 관계를 종료시킬 수 있음. 공식적인 기간만을 의미함).

12. 나중에 다시 멘제가 나를 찾아올 수 있도록 문호를 개방할 것.

3. 좋은 멘토 VS 보통 멘토

1. '좋은 멘토'에게는 불굴의 용기가 보이지만 '그냥 멘토'는 불굴의 불만만 보인다.

2. '좋은 멘토'에게서는 자기가 하는 일의 자부심이 보이지만

'그냥 멘토'에게서는 남들이 하는 일의 부러움만 보인다.

3. '좋은 멘토'의 위기는 좋은 배움의 기회지만 '그냥 멘토'의 위기는 위험의 순간일 뿐이다.

4. '좋은 멘토'는 걸림돌을 디딤돌로 사용하지만 '그냥 멘토'는 걸림돌을 피해 달아난다.

5. '좋은 멘토'는 당당하되 겸손하지만 '그냥 멘토'는 비굴하되 거만하다.

6. '좋은 멘토'는 자기주장은 하되 고집스럽지는 않지만 '그냥 멘토'는 자기주장도 없고 신념도 없다.

7. '좋은 멘토'는 논리적 비판은 하되 감성적 성토는 하지 않지만 '그냥 멘토'는 논리적 비판도 없이 감정적 대응만 한다.

8. '좋은 멘토'는 섬세하되 소심하지는 않지만 '그냥 멘토'는 대강대강 건너뛴다.

9. '좋은 멘토'는 약속시간을 칼같이 지키되 늦은 멘제를 비난하지 않지만 '그냥 멘토'는 자기도 함께 늦고 해명도 안 한다.

10. '좋은 멘토'는 멘제의 잠재역량을 잘 파악하여 발휘토록 해주지만 '그냥 멘토'는 인기에만 급급하고 놀기에만 열중이다.

■ 학습정리

1. 목표를 설정하는 의미와 달성의 필요성을 이해할 수 있다.

2. 상호 간 관계 형성의 구체성과 갈등 해소의 중요성을 확인할

수 있다.

3. 문제 해결의 노하우와 문제 해결에 효과적인 질문방법을 이
   해할 수 있다.

■ 학습평가

문1: 목표 설정과 변화 관리에서 옳지 않은 것은?

① 목표설정은 이상적인 면을 선보일 수 있는 기회를 준다.

② 목표 설정은 대부분 협상 단계에서 이루어진다.

③ 원하는 것을 구체적으로 문서화하라.

④ 변화 관리의 기술은 직장에 영향을 주는 모든 변화를 가능한
   한 식별한다.

(답 ①) 목표 설정은 현실성, 비판적인 사고, 사고방식을 선보일
        수 있는 기회를 제공해 준다.

문2: 관계 형성과 갈등 해소 설명 중 옳지 않은 것은?

① 멘토-멘제 관계 역시 완벽하지 않으며, 인간적인 실수에 의
   해 망가질 수 있다.

② 멘토링 관계는 늘 건전한 관계로 이어진다.

③ 멘제를 위한 학습 환경 조성법으로 자발적인 학습 접근법을
   격려한다.

④ 갈등 역시 멘토링 파트너십의 일부라는 것을 인식해야 한다.

(답 ②) 때로는 불건전하고 무익하며, 심지어는 파괴적인 관계가
　　　 되는 경우도 있다. 이것이 바로 멘토들이 인정하기 싫어
　　　 하는 멘토링의 어두운 일면이다.

문3: 문제 해결 기술 설명 중 옳지 않는 것은?

① 문제 해결 차원에서 적절한 정보를 제공한다.

② 문제 해결 차원에서 다양한 옵션을 탐구하도록 격려하라.

③ 문제 해결 차원에서 멘제를 대신하여 항상 문제를 풀어 주어라.

④ 문제 해결 차원에서 예리한 질문을 하라.

(답 ③) 멘토는 멘제를 대신해 눈제를 해결해 주어서는 안 된다.
　　　 그렇게 함으로써 멘제의 자발성, 자신감, 학습의 진척을
　　　 훼손할 수 있기 때문이다.

Module_4

Mentoring Design Game
멘토링 개발게임

한국인 정서에 맞게 개발된 멘토링 게임은 먼저 멘토링에 참여하는 멘토/멘제의 개인개발에 초점을 두고 자신의 가치가 업그레이드되는 과정을 체험함으로써 멘토링 활동에 몰입도를 극대화하여 자생력으로 멘토링을 진행하고자 하는 프로그램이다. Workshop 형태로 진행되는 성격개발게임, 인격개발게임, 감성개방게임을 통하여 멘토/멘제의 인간 성장을 학습 목표로 한다.

성격개발게임 – Lynchpin Game

■ 도입사례

NO 사례 10 공은주(한샘의 신입사원)

가구업체 한샘의 신입사원 공은주 씨는 입사 직후 선배 김지영 대리에게 멘토링을 받은 덕분에 회사에 빨리 적응할 수 있었다고 한다. 키친바흐 개발팀에 배치된 공 씨는 "멘토 선배에게 조직 특성과 업무방식, 가구업계 트렌드 등 많은 것을 배웠다."며 "잘 챙겨 주는 친한 선배가 생기니 회사에 대한 애착에 생겼다."고 말했다. 김 대리는 "처음에 후배 멘제가 생겨 많이 부담됐지만 다양한 활동을 함께하면서 스스로 회사생활을 돌아보는 계기가 됐다.”고 밝혔다.

한샘은 지난해 하반기 채용한 신입사원 24명을 포함해 선후배 사원을 일대일로 맞는 멘토 교육을 하고 있다. 회사 측은 양 방향 인재육성 방법인 멘토링 제도를 조직 융화와 업무효율성 제고, 애사심을 높이는 데 활용하고 있다. 김해진 인력개발 팀장은 “멘토링 프로그램은 멘제들의 전문지식과 업무 적응력을 높일 뿐만 아니라 멘토가 리더십을 키우는 계기도 된다.”며 “인간적인 유대감을 쌓을 수 있어 바람직한 기업문화 형성에도 효과가 있다.”고 설명했다.

■ 생각해 봅시다

예) 본 사례를 통해 여러 분은 어떤 점을 느끼셨습니까?
한샘의 김해진 인력개발 팀장은 멘토링 신규직원 멘토링 도입 효과에 대하여 자신 있게 말하는 이유는 무엇일까요?

*학습자 의견
- -
- -
- -

*전문가 의견:
신규직원 멘토링은 기존사원과 1:1로 연결함으로써 첫 출발을

하게 된다. 이때 중요한 점이 멘토와 멘제의 연결방법이다.

기대효과는 그가 말하듯이 "멘토링 프로그램은 멘제들의 전문지식과 업무 적응력을 높일 뿐만 아니라 멘토가 리더십을 키우는 계기도 된다."며 "인간적인 유대감을 쌓을 수 있어 바람직한 기업문화 형성에도 효과가 있다."고 설명했다.

멘토와 멘제의 성공적인 첫출발을 위하여 다음 페이지에 멘토/멘제 성격을 찾아 같은 성격끼리 연결해 주는 Lynchpin Game을 소개한다.

Lynchpin Game은 짧은 기간 동안 상대의 성격을 알고 대응함으로써 성격충돌을 극복하고 동일 성격끼리 연결해 주는 기법으로 활용한다.

■ 학습개요

멘토링의 정의는 멘토/멘제 상호 간 인간관계 촉진이다. 성격개발(Lynchpin) Game은 변하지 않는다는 성격을 전제로 짧은 기간 동안 상대의 성격을 알고 대응함으로써 성격 차이를 극복할 수 있는 최적의 Tool이다. 멘토링 활동 기간 중 1회에 한하여 실시하고 상호 간 수시 대응법으로 활용한다.

■ 학습목표

1. 인간관계 촉진 기법으로 성격으로 인한 충돌을 사전에 피할 수 있다.
2. 성격을 4가지로 구분하여 각기 성격마다 특성을 설명할 수 있다.
3. 각기 4가지 성격에 관하여 2가지 대응법을 이해할 수 있다.

■ 학습내용

제1장 성격개발 의미와 목적
제2장 성격개발 진단표 작성
제3장 성격유형별 대응법

■ 학습 전 힌트

멘토 김 팀장 - 잘못된 접근

멘토인 김 팀장은 멘제인 최 과장과 미팅 시 "최 과장! '욱' 하는 성격을 좀 고칠 수 없을까? 그것만 고치면 만점인데 말이야." 하면서 최 과장에게 칭찬인지 경고인지 불분명하게 숙제를 내주었다.

멘제 최 과장 - 궁금증

멘제인 최 과장은 김 팀장의 숙제에 고개를 갸웃했다. 그 이유는 성격을 고칠 수 있는가와 그 숙제를 자신이 얼마나 풀 수 있는가에 깊이 생각에 잠겼다.

왜 최 과장은 김 팀장의 멘토링에 대해 그런 식으로 생각했을까?

최 과장은 성격이라는 것은 선천적으로 타고 난다는 것과 자기 스스로 성격을 고치는 것보다는 멘토/멘제 상호 간 상대방의 성격을 이해해 주는 것이 옳은 방법으로 생각되어 김 팀장의 숙제를 이해할 수가 없었다.

멘토 김 팀장 - 올바른 접근

김 팀장은 어떻게 멘토링하는 것이 좋을까? 지금부터 같이 알아보자.

김 팀장은 먼저 멘토링 활동 전에 멘토/멘제 상호 간 성격 분석을 하고 성격의 강점과 약점을 파악하고 서로 간 상대방의 성격을 살펴서 엔도르핀이 나올 경우와 스트레스가 나올 경우를 사전에 대비하는 것이 상호 간 성격 충돌을 방지하는 올바른 멘토링 접근 방법이다.

■ 학습하기

제1장 성격개발 의미와 목적

1. 성격개발(Lynchpin, 린치핀) Game 목적
1) 먼저 자기의 성격 유형을 찾아 강점과 약점을 알고
2) 그 후 멘토와 멘제의 연결 도구로 사용하고
3) 상대방에게 바람직한 대응과 피해야 할 대응으로 좋은 관계를 유지하기 위함.

2. 성격개발(Lynchpin) Game의 명칭 어원

1) Lynch(연결) Pin(핀)은 '연결핀'이라는 뜻으로 트랙터가 트레일러를 끌 때 반드시 둘 사이에 연결핀을 꽂아야 제대로 끌 수 있다는 데서 기인(美 Bobb Biehl)한 것으로 멘토링에서 멘토가 멘제와 연결하는 도구(Tool)로 활용하고 있다.
2) 린치핀 게임에서 활용하고 있는 성격 찾기 설문은 페르조나(Persona) 방식에 근거함.

3. 성격개발(Lynchpin) Game의 성격유형

1) 설문내용 – 강점 40개 항목, 약점 28개 항목 등 68개 항목임.
2) 성격유형 – 주도형(Dominating Style)

　　　　　　　　우호형(Facilitating Style)

관리형(Controling Style)

분석형(Analytical Style) 등 4가지 유형임.

4. 멘토와 멘제의 연결방법

1) 가장 적합한 동일성격 – 동일성격끼리 연결방법
2) 무난한 보조성격 – 동일성격이 모자랄 경우 보조성격끼리 연결
3) 피해야 할 대조성격 – 가능한 대조성격끼리는 연결을 피해야
   한다.

5. 성격개발(Lynchpin) Game의 핵심사항

린치핀 게임에서 제일 중요한 핵심사항은 멘토와 멘제 상호 간
에 성격을 파악한 후에 바람직한 대응과 피해야 할 대응을 제대로
이해하고 멘토링 기간에 시행해야 한다. 그렇게만 한다면 상호 좋
은 관계를 유지할 수 있을 것이다.

1. 바람직한 대응(엔도르핀 나오는 경우) – 이런 내용을 접하게
   되면 더욱 좋은 분위기에서 실적이 향상된다.
2. 피해야 할 대응(스트레스 나올 경우) – 이런 내용을 접하면 스
   트레스를 받고 좋은 실적을 낼 수 없다.

제2장 성격개발 진단표 작성

1. 성격개발 진단표

1. 이 설문 항목은 4가지 성격유형에서 강점 10개와 약점 7개를
   선별할 수 있다.
2. 가능한 4개 한 묶음에서 나에게 가장 거부감이 적은 1개씩을
   선택하라.
3. 그러므로 전체 68항목 중에 17개만 번호에 O표 하면 된다.

No	설 문 항 목	No	설 문 항 목
1	행동이 적극적이다.	37	개방적, 쾌락적인 일을 좋아한다.
2	협력적이다.	38	상대방의 기분을 이해한다.
3	효율적이다. 능률적이다.	39	스스로 움직인다.
4	근면하다.	40	분석력이 뛰어나다.
5	매사에 열중한다.	41	본제에서 벗어난다.
6	가까이하기 쉽고, 친하기 쉽다.	42	결단이 느리다.
7	열심히 일한다.	43	남에 대한 배려가 부족하다.
8	매사를 면밀히 추진한다.	44	유연성이 결여되어 있다.
9	활기가 넘친다.	45	시간관념이 희박하다.
10	사교술이 능숙하다.	46	자기주장이 적다.
11	행동이 민첩 신속하다.	47	억지를 부린다.
12	논리적, 체계적이다.	48	결단을 내리는 데 시간이 걸린다.
13	대인관계에 능숙하다.	49	감정에 좌우된다.
14	코치나 상담에 능숙하다.	50	일에 대한 관심이 희박하다.
15	책임감이 강하다.	51	말투가 억세다.
16	질을 중시한다.	52	박력이 부족하다.
17	상대방을 몰두하게 한다.	53	기분이 변하기 쉽다(싫증나기 쉽다).
18	온화하다.	54	남의 일에 너무 신경을 쓴다.
19	늘 성과(결과)를 중시한다.	55	지나치게 자기중심적이다.
20	문제발견에 흥미를 느낀다.	56	혼자 일을 한다.
21	영감(inspiration)을 중요시한다.	57	정리, 정돈이 서툴다.
22	개인적인 정보에 강하다.	58	비약이나 모험을 노리지 않는다.
23	도중에 포기하지 않는다.	59	안색, 목소리, 표정이 빈약하다.
24	사실을 중시한다.	60	표정이 없는 편이다.

No	설 문 항 목	No	설 문 항 목
25	비약에 목표를 둔다(大志).	61	차근차근 책읽기를 싫어한다.
26	소집단 활동을 즐긴다.	62	신속하지 못하다.
27	시간에 정확하다.	63	무리한 목표라도 도전한다.
28	지식, 정보를 수집한다.	64	보수적(비약하려 하지 않는다)이다.
29	민감하게 반응한다.	65	논리적으로 생각하기를 싫어한다.
30	긴장을 풀어 준다.	66	주저하기 쉽다.
31	간결하고 낭비가 적다.	67	냉담하다.
32	일을 제대로 처리한다.	68	사교성이 결여되어 있다.
33	미래지향적이다.		
34	분위기 조성을 잘한다.		
35	열정적이다.		
36	자기관리를 할 수 있다.		

2. 성격 유형 집계표

앞 페이지에서 선택한 17개 항목의 번호를 아래 중에서 선택하면 귀하의 성격유형(Personality Type)은 가장 많이 집계되는 항목이다. 그러므로 주도형, 우호형, 관리형, 분석형 중의 하나가 된다. 설문 작성 결과에 만족하지 못할 경우에는 다시 작성도 가능하다.

4가지 성격유형 분석표

D ominating Style(주도형)	F acilitating Style(우호형)
1, 5, 9, 13, 17, 21, 25, 29, 33, 37, 41, 45, 49, 53, 57, 61, 65	2, 6, 10, 14, 18, 22, 26, 30, 34,38, 42, 46, 50, 54, 58, 62, 66
C ontroling Style(관리형)	A nalytical Style(분석형)
3, 7, 11, 15, 19, 23, 27, 31, 35, 39, 43, 47, 51, 55, 59, 63, 67	4, 8, 12, 16, 20, 24, 28, 32, 36,40, 44, 48, 52, 56, 60, 64, 68

3. 성격 유형별 연결 기준

멘토와 멘제의 연결에서 가장 좋은 한 쌍(Best Pair)은 같은 성격끼리 연결한다. 그러나 인원수가 맞지 않을 경우에는 무난한 한 쌍(Gold Pair)인 상호 보완되는 성격끼리 연결한다. 대조되는 한 쌍 (Poor pair)은 가능한 연결을 피한다. 대조되는 성격도 사제 간(師弟間) 등 신분의 현저한 차이나, 10년 이상 나이 차이, 장기간이나 평생 멘토링에서는 크게 구애받지 않는다. 그러나 단기간이나 나이가 비슷한 사원 간의 멘토링에서는 생산성을 염두에 둔다면 대조 성격 간의 연결은 피하는 것이 좋다. 왜냐하면 대조 성격은 충돌 확률이 많기 때문이다.

제3장 성격 유형별 대응방법

1. 주도형(Dominating Style)의 대응

1) 기본욕구

2) 바람직한 대응(엔도르핀 유발)
1. 흉금을 터놓기 위해 세상사나 농담으로부터 이야기를 시작한다.
2. 상대방을 치켜세우거나, 최대한 관심을 표시한다. 내놓은 아이디어나 생각을 지지한다.
3. 크게 논의한다.
4. 정력적으로 신속하게 큰 소리로 이야기한다.
5. 다른 사람이나 저명인사의 의견을 인용한다.
6. 커다란 관점에서 이야기를 전개한다.

7. 목표달성 과정의 즐거움을 시사한다.

8. 경쟁심을 부추긴다.

9. 상대방의 꿈이나 아이디어에 관심을 표명한다.

3) 피해야 할 대응(스트레스 유발)

1. 소극적이며 인정 없는 태도를 취하지 않는다.

2. 자질구레한 이야기는 피한다.

3. 원리, 원칙이나 규칙을 고집하지 않는다.

4. 상대방을 비판하거나 설득하지 않는다.

5. 좋고 나쁨, 사실, 숫자 등을 고집하지 않는다.

6. 일만을 따지는 이야기가 되지 않게 한다.

4) 적극적으로 써야 할 말

1. 급성장

2. 창조

3. 차별화

4. 영향력

5. 이미지

6. 인간

2. 우호형(Facilitating Style)의 대응

1) 기본욕구

용납	수용

2) 바람직한 대응(엔도르핀 유발)

1. 흉금을 터놓은 분위기로 개인에 관계된 이야기로부터 들어간다.
2. 1:1로 대응하고, 개인적인 관심이나 목표를 끌어낸다.
3. 상대방에게 말을 시켜 의견을 끌어낸 뒤, 그의 말에 귀를 기울인다.
4. 상대방이 협력해 준 것에 대해서 감사표시를 한다.
5. 상대방에게 불안감이나 염려를 끼쳤다면 이를 제거한 뒤 격려한다.
6. 당신이 주도적으로 목표를 정하고, 압력을 가하지 않은 채 동의를 촉구한다.
7. 온화한 부드러운 말씨로 이야기한다.
8. 상대방의 생각을 적극적으로 받아들인다.
9. 결단을 내리는 데에 모험이 적음을 보증한다.

3) 피해야 할 대응(스트레스 유발)

1. 일에 관한 이야기를 곧바로 하지 않는다.
2. 냉담한 태도, 무관심한 태도를 나타내지 않는다.
3. 논리나 책략으로 반론을 피지 않는다.
4. 지배적으로 군림하거나 과도한 요구는 하지 않는다.
5. 갈등을 빚지 않는다.
6. 곧바로 결론을 이끌어 내지 않는다.

4) 적극적으로 써야 할 말

1. 인간
2. 서비스

3. 팀워크

4. 성실

5. 커뮤니케이션

6. 가정

3. 관리형(Controling Style)의 대응

1) 기본욕구

| 성취 | 효율 |

2) 바람직한 대응(엔도르핀 유발)

1. 일에 관한 이야기를 중심적으로 한다.

2. 간결하고 알기 쉽게 이야기한다.

3. 시간을 정확히 지킨다.

4. 정력적으로 신속하게 이야기한다.

5. 목표와 결과를 늘 분명히 한다.

6. 상대방의 결단, 의사결정에 위임한다.

7. 선택하기 쉽게 조건의 수를 적게 둔다.

8. 성공할 확률을 사실이나 숫자에 근거하여 설명한다.

9. 주요 사실을 골라 논리적으로 재빠르게 나타낸다.

3) 피해야 할 대응(스트레스 유발)

1. 시간낭비는 피한다(두서없이 지루하게 말하지 않는다).

2. 개인적인 문제나 개인의 생각을 내놓지 않는다.

3. 지시, 명령, 충고하는 말투를 쓰지 않는다.

4. 의문스러운 점이나 불명확한 점을 남기지 않는다.

5. 결론을 먼저 내지 않는다.

6. 잡담이나 세상사는 말을 하지 않는다.

4) 적극적으로 써야 할 말

1. 결단

2. 시간

3. 목표

4. 이익

5. 성공

6. 통솔력

4. 분석형(Analytical Style)의 대응

1) 기본욕구

| 안전 | 정보 |

2) 바람직한 대응(엔도르핀 유발)

1. 일에 관한 이야기로부터 들어간다.

2. 신중하게 천천히 진행된다.

3. 데이터, 자료 등 사전준비는 완벽하게 하여 대응한다.

4. 충분한 시간을 갖고 차근차근 이야기한다.

5. 구체적이고 실증적인 데이터로 정보를 풍부하게 주고 뒷받침해 준다.

6. 상대방에게 생각할 수 있는 시간을 충분히 준다.

7. 뜻밖의 결과가 나오지 않게 하고, 모험이 적음을 보증한다.

8. 논리적 사실에 의거하여 체계적으로 설명한다.

9. 결론은 서면으로 남겨 둔다.

3) 피해야 할 대응(스트레스 유발)

1. 상대방이 혼란될 만한 이야기는 피한다.

2. 너무 과장된 이야기는 하지 않는다.

3. 치켜세우거나 너무 친숙하게 이야기하지는 않는다.

4. 다른 사람이나 저명인사의 의견을 사용하지 않는다.

5. 책략이나 교묘한 수단을 쓰지 않는다.

6. 결단(의사결정)을 서둘지 않는다.

4) 적극적으로 써야 할 말

1. 정보데이터

2. 보증

3. 의무

4. 손익

5. 지식

6. 정확

■ 학습정리

1. 성격 유형을 찾아 사전에 대응한다면 충돌을 해결할 수 있다.
2. 동일 성격끼리 연결하는 것이 최선의 방법인 것을 확인할 수 있다.
3. 멘토/멘제 상호 간 확인된 성격 유형에 맞는 대응법을 이해할 수 있다.

■ 학습평가

문1: 성격개발 의미와 목적 중 옳지 않은 것은?

① 성격유형 개발 목적은 자기의 성격유형을 찾아 강점과 약점을 안다.
② 멘토와 멘제의 연결 도구로 사용한다.
③ 사전 충돌 대응으로 좋은 관계를 유지하기 위함이다.
④ 성격테스트는 수시로 하여 변화에 대응해야 한다.

(답 ①) 성격은 변하지 않는다는 전제로 1회에 한하여 실시하고 상호 간 수시 대응법으로 활용한다.

문2: 성격개발 진단표 작성 설명 중 옳지 않은 것은?

① 성격 진단 시 한 박스 4개 설문 중에서 가장 마음에 드는 것

을 선택한다.

② 나의 성격 진단 시 강점 10개를 찾을 수 있다.

③ 나의 성격 진단 시 약점 7개를 찾을 수 있다.

④ 성격 진단 결과 4가지 유형 중에서 고득점 유형이 나의 유형이다.

(답 ②) 4개 설문 중 마음에 들지 않는 경우도 있으므로 가능한 4개 한 묶음에서 나에게 가장 거부감이 적은 1개씩을 선택한다.

문3: 성격유형별 대응법 설명 중 옳지 않는 것은?

① 성격마다 엔도르핀이 나오는 경우와 스트레스를 받는 경우가 있다.

② 주도형의 기본 욕구는 칭찬과 인정이고 우호형은 용납과 수용이다.

③ 멘토는 멘제의 성격 대응 시 자신의 유형을 기준으로 하여 조언해 준다.

④ 관리형 기본 욕구는 성취와 효율이고 분석형은 안전과 정보다.

(답 ③) 멘토는 멘제의 성격 유형을 기준하여 정확한 대응법으로 조언해 주는 것이 효과적이다.

감성개발게임 – EQ Game

▣ 도입사례

NO 사례 11 – 박미정(KTF 차장)

직장생활 11년차인 박미정 KTF 차장은 이제 관리자로서 능력을 키워야 할 시점이다. 하지만 남자 후배들을 이끌면서 업무를 주도하는 일이 쉽지만은 않다. 주변에 여성 팀장도 없던 터라 마땅히 벤치마킹할 역할 모델도 없다. 고심 끝에 올해 초 이화여대 리더십개발원에 입학한 그는 송영희 LG생활건강 상무를 만나 멘토 관계를 맺게 된다.

박 차장은 여성 리더로 활약하고 있는 송 상무의 다양한 직장생활 경험을 듣고 난 후 많은 것을 배우게 됐다. 특히 동료를 설득하는 방법과 효율적인 업무처리 등에 관해 많은 조언을 받았다. 박 차장은 "여자들은 빠른 결과를 원하기 때문에 회의시간에 다소 공격적이고 삭막한 분위기를 연출한다는 송 상무 지적이 마음에 와 닿았다."며 "회의에서 의견이 관철되지 않아도 꾸준한 유대관계를 만들면서 의견을 관철시켜야 한다고 충고해 줬다."라고 설명했다. 두 사람은 자주 만나지는 못해도 이메일을 주고받으며 멘토 인연을 이어 가고 있다.

최은경 이화여대 리더십개발원 팀장은 "여성 리더가 되려면 본보기가 될 수 있는 멘토를 찾아야 한다."며 "훌륭한 멘토를 찾는다면 절반은 성공한 것이나 다름없다."라고 강조했다.

■ 생각해 봅시다.

예) 본 사례를 통해 여러 분은 어떤 점을 느끼셨습니까?

KTF 박미정 님이 멘토를 찾게 된 경위와 찾은 후에는 멘제로서 구체적으로 어떤 좋은 결과를 얻었습니까?

*학습자 의견:

----

*전문가 의견:

누구나 스스로 자기개발에 한계를 느낀다. 박미정 님은 관리자로서 능력을 개발하기 위하여 멘토를 찾았다. 이대 리더십센터 최은경 님은 "훌륭한 멘토를 찾는다면 절반은 성공한 것이나 다름없다."라고 강조했다.

멘토인 송연희 님은 "회의에서 의견이 관철되지 않아도 꾸준한 유대관계를 만들면서 의견을 관철시켜야 한다."라고 조언해 줬다.

멘토링은 멘제의 두 사람 관계에서 업무적인 면보다 우선에서 필요한 부문이 정서적인 부문이다. 이 점을 참작하여 다음 페이지에서는 감성개발 기법으로 EQ개발 게임을 소개한다.

IQ는 지적 능력만을 측정하지만, 정서개발 EQ Game은 사회적 동물인 인간이 가지고 있는 전반적인 능력을 측정하여 멘토링 관계를 따뜻하고 부드럽게 유지하고자 하는 기법이다.

▣ 학습개요

IQ는 사람들의 인지 능력, 다시 말해 분석력, 기억력, 수리력, 언어능력, 상식 능력, 공간지각 능력과 같이 냉철한 머리, 즉 객관적인 지성을 측정한다. 그에 비해 EQ는 사람들의 정서 능력, 다시 말해 감정 조절 능력, 타인과의 감정 공유 능력, 비언어적 능력, 직감력과 같이 따뜻한 가슴, 주관적인 감성을 측정한다. 다시 말해 IQ는 지적 능력만을 측정하지만, EQ는 사회적 동물인 인간이 가지고 있는 전반적인 능력을 측정한다.

그러면 EQ가 무엇으로 구성되어 있는지 좀 더 구체적으로 알아보자. EQ는 크게 다섯 가지 요소로 구성되어 있다. 자기감정을 이해하는 능력, 자기감정을 조절하는 능력, 자기 동기 부여를 할 수 있는 능력, 타인의 감정을 이해하는 능력, 인간관계 능력이 그것이다.

◼ 학습목표

1. 감성개발 게임으로 50가지 설문으로 5가지 감성을 이해할 수 있다.
2. 감성지수를 분석하여 현재 상태의 자신의 감성을 설명할 수 있다.
3. 감성개발에 필요한 10가지 유의사항을 이해할 수 있다.

◼ 학습내용

제1장 감성개발(EQ) 게임 설문도구
제2장 감성개발(EQ) 결과에 대한 분석
제3장 감성개발(EQ) 방법

◼ 학습 전 힌트

멘토 김 팀장 - 잘못된 접근

업무성과에 누구보다 앞장서 있는 멘토인 김 팀장은 멘제인 최 과장과 팀원에게 늘 강조하는 것이 업무성과다. 그러나 팀은 업무성과면에서는 앞서 가지만 한편으로 냉랭한 분위기로도 앞서 가고 있다.

멘제 최 과장 - 궁금증

멘제인 최 과장은 평가 때마다 높은 성과로 팀장에게 감사하게 생각하지만 과연 이대로 팀 활동이나 멘토링 활동을 해야 할지, 무엇인가 색다른 멘토링 방법을 구상하면서 깊이 생각에 잠겼다.
왜 최 과장은 김 팀장의 멘토링에 대해 그런 식으로 생각했을까?
최 과장 입장에서는 멘토링에서 두 가지 측면을 생각하게 되는데 한 면은 업무성과와 다른 면은 정서적인 면으로 두 가지 만족을 멘토링의 성공으로 여기기 때문에 멘토링 입장에서 김 팀장의 의견을 이해할 수가 없었다.

멘토 김 팀장 - 올바른 접근

김 팀장은 어떻게 멘토링하는 것이 좋을까? 지금부터 같이 알아보자.

김 팀장은 현행대로 업무성과를 우선방침으로 진행하되 반드시 팀원과 멘제와 속내를 드러낼 수 있는 감성적인 분위기 조성에 힘을 기울여야 한다. 결론적으로 업무 우선(Hightech)과 감성 우선(Hightouch)의 균형 운영이 올바른 멘토링으로의 접근이다.

■ 학습하기

제1장 감성개발(EQ) 게임 설문도구

다음 문항을 읽고 자신의 생각이나 행동에 어느 정도 일치하는지를 체크하라.

매우 동의한다: 3점　　　어느 정도 동의한다: 2점

약간 동의한다: 1점　　　전혀 동의하지 않는다: 0점

〈A〉

1. 나는 내 감정을 표현하는 데 별다른 어려움을 느끼지 않는다.( )

2. 나는 새로운 일을 시작할 때 두렵거나 불안하지 않다.　( )

3. 친구가 나를 화나게 하면 나는 기분 나쁘다고 말한다.　　( )

4. 나는 평소에 내가 하고 싶은 일이 무엇인지를 알기 때문에 전공 선택 문제로 별로 고민하지 않는다.　　　　　　( )

5. 나는 내가 좋아하는 여자(남자)친구 스타일을 가지고 있다. ( )

6. 나는 감정과 행위가 다를 수 있다고 생각한다.　　　　( )

7. 나는 성격뿐만 아니라 나 자신에 대해 너무나 잘 알고 있다.( )
8. 나는 나 자신과 대화를 자주 하는 편이다. 가령, '나는 누구인
   가?' '내가 왜 그랬을까?'와 같이 자신과 대화하며 문제에 대
   처한다.   ( )
9. 나는 언제나 내 자신의 능력에 맞는 목표를 세워 놓고 행동
   한다.   ( )
10. 나는 내가 무엇을 원하는지 표현할 수 있다.   ( )
A 점수 합계 _____점

〈B〉

1. 나는 성격이 침착하고 차분하다는 얘기를 많이 듣는 편이다.( )
2. 얌체같이 갓길로 달리는 사람들을 보면 욕하기보다는 무슨
   사정이 있어서 그럴 거라고 생각한다.   ( )
3. 식당에서 밥을 먹으려고 줄을 섰는데 누가 새치기를 하면 뭐라
   고 하기보다 배가 몹시 고프기 때문이라고 생각하여 참는다.( )
4. 맛있는 음식이 있어도 다른 가족들이 식탁에 앉기까지 먹지
   않고 기다리는 편이다.   ( )
5. 누가 내 발을 밟아 놓고 사과하지 않더라도 나는 쉽게 화내
   지 않는다.   ( )
6. 나는 상대방이 어떻게 받아들일지 몰라 말을 함부로 하지 않
   는다.   ( )
7. 나는 물건을 살 때 충동적으로 사서 후회하는 일이 거의 없다.( )
8. 나는 내 감정을 잘 조절할 수 있다고 믿는다.   ( )
9. 스트레스를 받더라도 나는 쉽게 흥분하지 않고 스트레스를

풀 수 있는 방법을 가지고 있다.　　　　　　　　　( )

10. 나는 풍부한 정서 생활을 하고 있다고 생각한다.　　　( )

B점수 합계 _____점

〈C〉

1. 세상은 노력한 만큼 얻을 수 있다고 생각하기 때문에 잘살고 못사는 건 모두 자기 책임이다.　　　　　　　　　　　　( )

2. 나는 어떤 일에 실패하면 그 원인이 무엇인지를 분석해서 대처하는 편이다.　　　　　　　　　　　　　　　　　　( )

3. 나는 내 능력에 맞는 목표를 스스로 세우고 그것을 달성하기 위해 노력한다.　　　　　　　　　　　　　　　　　　( )

4. 나는 '실패는 성공의 어머니'라는 말을 믿는다.　　　　( )

5. 나는 내가 부족한 것이 무엇인지를 찾아 그것을 채우려고 한다.( )

6. 집안이 어려워 대학에 가지 못할 상황이라도 대학에 가고 싶다면 나는 반드시 갈 수 있다.　　　　　　　　　　　　( )

7. 여자(남자)친구에게 데이트 신청을 했다가 거절당하더라도 포기하지 않고 다시 도전 한다.　　　　　　　　　　　　( )

8. 나는 평소 말과 행동이 다르지 않고, 내가 한 말을 그대로 실천하는 편이다.　　　　　　　　　　　　　　　　　　( )

9. 누군가 불쌍하다는 생각이 들면 나는 그 사람을 반드시 도와준다.　　　　　　　　　　　　　　　　　　　　　　( )

10. 나는 무언가 재미있는 일이 있으면 그것에 몰두해 시간 가는 줄 모른다.　　　　　　　　　　　　　　　　　　( )

C점수 합계 _____점

〈D〉

1. 나는 다른 사람과 입장을 바꿔 놓고 생각하기 때문에 다른 사람이 무슨 생각을 하는지 잘 안다. ( )

2. 나는 부모님이나 선생님, 친구들이 기분이 좋은 상태인지 나쁜 상태인지를 잘 판단한다. ( )

3. 사람을 첫인상 가지고 판단하는 것은 옳지 않다. ( )

4. 나는 내 주위 사람들이 나에게 무엇을 원하는지 잘 알고 있다.( )

5. 나는 부모님이 단지 자존심 때문에 자식을 대학에 보내려는 것 은 아닐 거라고 생각한다. ( )

6. 나는 누가 섭섭한 말을 하더라도 그럴 만한 이유가 있을 거라고 생각하고 참는 편이다. ( )

7. 나는 친구의 행동이 내 맘에 안 들더라도 그 친구에게 이런 저런 잔소리를 하지 않는 편이다. ( )

8. 나는 사랑에 빠지더라도 친구나 가족이 눈에 들어오지 않는 것을 이해할 수 없다. ( )

9. 나는 친구가 약속 때마다 늦게 오더라도 뭐라 하기보다는 늦을 만한 이유가 반드시 있을 거라고 생각한다. ( )

10. 모처럼 친구와 등산을 가서 정상을 눈앞에 두었는데 친구가 죽어도 못 올라간다고 하면 나는 친구와 함께 내려오겠다. ( )

D점수 합계 _____점

〈E〉

1. 나는 다른 사람들과 어울리는 것을 좋아한다. ( )

2. 나는 다른 사람이 기분 상하지 않게 내 의사를 잘 표현한다.( )

3. 나는 친구들의 말이 다소 논리가 없더라도 그것을 지적하지 않고 이해하려고 한다. ( )

4. 나는 다른 사람들과 슬픔과 기쁨, 분노와 같은 감정을 공유할 줄 안다. ( )

5. 나는 사람들이 이기적이기보다는 이타적이라고 생각한다. ( )

6. 나는 고정관념이나 편견이 맞을 수도 있지만 실제로는 맞지 않는 경우가 더 많다고 생각한다. ( )

7. 어떤 사람을 행동이나 말투를 가지고 판단하는 건 잘못된 것이다. ( )

8. 나는 토론할 때 다른 사람이 나와 다른 주장을 하더라도 그것을 불편 없이 받아들일 수 있다. ( )

9. 나는 다른 사람이 나를 칭찬하든 비난하든 별로 개의치 않는 편이다. ( )

10. 친구가 약속 시간에 늦으면 약간 화를 내도 상관없다고 생각한다. ( )

E점수 합계 _____점

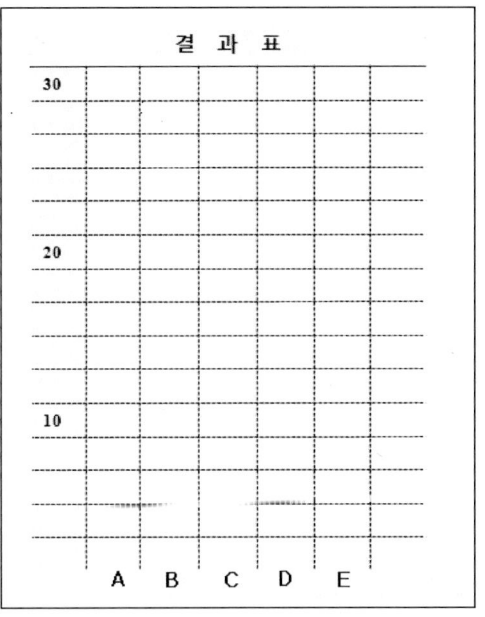

결 과 표

	A	B	C	D	E
30					
20					
10					

〈EQ계산공식〉 $\dfrac{(A\times1.5)+(B\times2.5)+(C\times2.5)+(D\times1.5)+(E\times2.0)}{5} \times 3 = ($ 　　$)$

제2장 감성개발(EQ) 결과분석

1. 나는 이런 사람!

* 150~180점 ➡ EQ천재

이런 젊은이들은 자신의 감정을 잘 알고, 자기감정을 잘 다루고, 충동적으로 행동하지 않으며, 기분 나쁜 일이 있거나 스트레스를 받아도 곧 회복할 수 있다. 어떤 일을 계획할 때도 자신의 능력을 고려하며, 타인을 배려하는 측면이 많아 인간관계도 좋다. 연구 결과에 따르면 이런 유형의 사람들은 사회경제적으로 성공할 가능성이 높고, 성격이 낙천적이어서 매사를 긍정적으로 보기 때문에 정신적으로도 무척 건강하다. 어렸을 때부터 서로 격려하고 지지해 주는 가정환경, 학교 환경에서 자란 젊은이들 중에서 이런 높은 EQ 수준이 많이 나온다. 그러나 전체적으로 볼 때 이 점수에 해당하는 사람들은 전체 인구의 10% 이하다. 만약 당신이 이 점수에 속해 있다면 희망을 가져도 좋다. 노력을 게을리하지 않는다면 아주 행복하고 아름다운 삶을 영위할 것이다.

* 126~149점 ➡ EQ 수재

대체로 높은 EQ 수준을 가지고 있다. EQ가 높은 사람의 특성을 많이 가지고 있다. 그러나 어떤 한 영역에 문제가 있을 수 있으므로 만약 다섯 가지 영역 중에 어느 한 영역에서 20점 이하의 점수를 받았다면 그 부분을 강화시키려는 노력을 해야 한다. 자기 삶에 충실하고 다른 사람을 잘 이해해 주는 사람들의 전형이라고 할 수 있다. 조금만 노력하면 아주 우수한 EQ 수준을 가질 수 있을 것이다.

* 96~125점 ➡ 움트는 EQ에 불을 당기자

여기에 해당하는 젊은이들은 대개 자신의 문제를 분명히 할 수 있고 자기의 문제를 잘 다루고, 자신의 감정을 행동으로 잘 표현한다. 그러나 좋고 싫음이 너무 분명하고 그 기복이 심하여 정반대의 대인관계 경향이 뒤섞여 있다. 그래서 친구들에게는 친절하지만 집에서는 짜증을 부리기도 하고, 동성 친구들하고는 잘 어울리지만 이성 친구한테는 그렇게 못 할 수도 있다. 또한 긍정적이든 부정적이든 다른 사람들로부터 피드백을 받지 못하고, 매사를 선악으로 구분하려고 한다. 이따금 자신의 감정이 슬픈 건지 기쁜 건지, 화난 건지 두려운 건지를 모를 때가 있다. 그러나 이 점수에 속해 있는 젊은이들도 노력하면 EQ를 우수한 수준으로 높일 수 있다. 그러니 평소에 자기감정을 분명히 표현하고, 실패에 쉽게 좌절하지 말고, 매사를 흑백 논리로 보지 말고, 타인의 입장에 서서 생각하는 습관을 기른다면 아주 우수한 EQ수준으로 발전할 수 있다. EQ는 계발할 수 있다는 게 EQ를 계발한 존 메이어 박사의 얘기다.

* 60~95점 ➡ 잠자는 EQ를 깨우자

여기에 속하는 젊은이들은 EQ가 낮은 편이다. 자기감정을 잘 알지 못하고, 자기감정을 잘 조절하지도 못한다. 게다가 다른 사람의 아픔을 잘 헤아리지 못하고, 다른 사람의 얘기를 잘 듣지도 않는다.

그래서 자기감정을 조절하지 못하고, 인간관계가 원만하지 못해 사회적으로 성공할 가능성이 낮으며, 실패했을 때 실패를 극복하지 못하고 주저앉기 일쑤다. 경제적으로 독립할 가능성도 낮다. 이런 상태가 지속된다면 평생을 스트레스와 싸워야 하고, 다른 사람에게 피해를 주는 사람이 될 수도 있다. 그러므로 EQ를 계발하기 위해 적극적으로 노력해야만 한다.

자기 자신의 능력에 맞는 현실적인 목표를 세워 추진하고, 자신의 감정을 분명히 표현하고, 충동적으로 행동하지 않도록 노력해야 한다. 그리고 타인을 돕듯이 자신을 돕고, 비판에 너무 민감하게 반응하지 않도록 의식적으로 노력해야만 한다. EQ를 높이려는 노력이 절실하다.

* 59점 이하 ➡ 낙심은 금물! EQ는 '하면 된다'

여기에 해당하는 젊은이들은 틀림없이 알 수 없는 덫에 걸려 있다. 자기감정을 이해하지 못함은 물론 다른 사람들의 감정을 헤아리지도 못한다. 그리고 충동적이고 이기적이어서 언제나 인간관계 때문에 고민하고, 이성보다는 열정에 사로잡혀 어떤 욕구가 일어나면 즉각적으로 만족시키려고 한다. 만약 EQ가 지금 상태로 유지된다면 당신은 분명히 후회할 날이 올 것이다. 그러므로 적극적으로 EQ를 높이려는 노력을 해야 한다.

2. 유형별 분석

1형 - 그래프 모양이 이런 유형으로 나왔을 경우에는 자기 자신의 감정을 잘 이해하고 조절할 줄 알고, 실패를 성공으로 연결시킬 수 있는 특성을 가지고 있다. 하지만 다른 사람의 관점을 별로 배려하지 않고 자기중심적이어서 인간관계가 좋지 않다. 그러므로 다른 사람의 입장에 서서 생각하고 행동하도록 좀 더 신경을 써야 한다.

2형 - 그래프 모양이 이렇게 나온 경우엔, 자기 자신에게 소홀하면서 다른 사람에게는 지나치게 신경을 쓴다. 심할 경우 자신을 부정하면서까지 다른 사람을 긍정하기 때문에 무조건 의존적인 행동을 하거나 지나치게 타인의 눈치를 볼 수가 있다. 그러므로 자기의 감정을 보다 분명하게 하면서 자기를 긍정할 수 있도록 자신의 능력을 키워야만 한다.

∨ **3형** – 이런 유형의 결과는 자기감정을 잘 표현할 줄
알고, 자기감정을 조절할 줄도 안다. 그리고 다른 사람의 감정을
잘 이해하고, 인간관계에 필요한 사회적 기술이 뛰어나다. 하지만
실패했을 경우 쉽게 좌절하고 거기서 헤어나지 못하는 단점도 있
다. 그러니 실패했을 때 너무 실망하지 말고, 실패를 면밀히 분석
하여 목표에 재차 도전하는 습관을 기른다면 높은 수준의 EQ를
얻을 수 있을 것이다.

∨∨ **4형** – 이런 유형의 결과는 전반적으로 높은 EQ수준
을 보여 주지만, 자기감정을 조절하지 못하고 다른 사람의 감정을
무시한 채 행동한다. 충동성이 높아 쉽게 화를 내고, 사소한 것을
가지고 다투길 좋아하고, 욱하는 성질이 있기 때문에 행동하고 나
서 후회하는 일이 많다. 게다가 다른 사람의 감정은 무시하고 자
기중심적으로 행동하기 때문에 적을 많이 만들 수 있다. 그러므로
평소에 자기 화를 이겨 내고, 스트레스를 받았을 때 이완할 수 있
는 방법을 개발하는 게 좋다. 그리고 다른 사람의 감정이 어떤지
를 헤아려서 다른 사람의 감정도 배려하는 습관을 키워야 한다.

제3장 감성개발(EQ) 방법

EQ는 IQ와는 달리 후천적으로 계발할 수 있다는 것이 큰 장점
이다. IQ는 유전적인 영향, 어머니의 지능, 태내 환경에 의해 80%
정도가 선천적으로 결정되고 나머지 20% 정도가 후천적으로 결정
된다. 그래서 노력해서 계발할 여지가 적다. 그에 비해 EQ는 20%
정도가 유전, 기질, 호르몬 등과 같은 선천적인 요소에 의해 결정
되고 나머지 80% 정도가 후천적으로 결정된다. 그래서 노력해서
계발할 여지가 다분하다. 그러니 앞의 테스트에서 EQ 점수가 낮다
고 좌절하지 말고 자신의 EQ를 높이려고 노력하라. 그러다 보면
자연스럽게 EQ가 높아질 것이다.

그러면 EQ를 계발하고 EQ점수를 높이는 방법에 대해서 알아보자.

1. 나는 나만의 공간을 가지고 있는가?

EQ가 높은 사람들의 특징은 자기만의 휴식 공간, 사색 공간, 창
조 공간을 가지고 있다는 점이다. 그러므로 자신의 공간을 확보하
도록 노력하라. 그렇다고 집안형편을 무시하고 자기 방을 확보하라
는 것은 아니다. 그런 행동 자체가 EQ가 낮은 사람의 행동이다.
자기만의 공간은 조용한 산책길, 공원, 옥상, 분위기 있는 카페와
같이 어느 곳이든 자기가 가장 편안한 곳이면 된다.

2. 나는 나 자신과 대화를 하고 있는가?

EQ가 높은 사람들은 자신과의 대화를 즐길 줄 안다. 가령 일기를 쓰거나 글을 쓰면서 자신의 행동과 하루를 반성하는 게 좋다. 다시 말해 자기 삶을 스스로 피드백해 보아야 한다.

3. 나는 취미 생활을 하고 있는가?

EQ가 높은 사람들은 자기 전공분야 이외에 한 가지 이상의 취미 생활을 하고 있다. 가령 학생이라면 좋아하는 운동을 하거나 동아리 활동을 하고, 직장인이라면 업무와 관련되지 않은 동호회 모임에 참여해서 활동한다. 물론 취미 활동에 너무 몰입해서 자신의 전공이나 업무에 영향을 주어서는 안 된다.

4. 나는 규칙적으로 운동을 하고 있는가?

EQ가 높은 사람들은 건강관리를 위해서뿐만 아니라 규칙적인 운동을 통해 적대감, 스트레스, 공격성을 해소할 줄 안다. 일주일에 서너 번은 운동을 함으로써 스트레스를 풀어 주어야 한다.

5. 나는 내가 되고자 하는 존경하는 인물이 있는가?

EQ가 높은 사람들은 존경하고 흠모하는 인물을 설정해 놓고 자기도 그런 인물이 되려고 노력한다. 지금이라도 내가 존경하는 인물을 설정하라. 그리고 그 사람과 같이 되려고 노력하라.

6. 나는 상대방의 입장에 서서 생각하고 행동하는가?

EQ가 높은 사람들은 자기의 감정과 충동만을 앞세워 사랑을 표현하지 않는다. 그래서 상대방을 난처하게 하는 프러포즈를 하지도 않고 키스를 요구하지도 않는다. 성인의 경우에는 성생활에서 상대방의 기분과 감정을 배려할 줄도 안다. 항상 상대방의 입장에 서서 생각하고 행동하도록 노력한다.

7. 나는 여행을 즐기고 있는가?

EQ가 높은 사람들은 출장이 아닌 여행을 즐기며 자연과 대화하는 걸 좋아한다. 여행을 통해 새로운 문화, 새로운 사람들을 접하고, 자연에 묻혀 자신의 감정을 편안하게 하는 습관을 가져라.

8. 나는 평소 '욱' 하는 기질이 있는가?

충동적인 행동은 하루아침에 자신을 무너뜨릴 수도 있다. 그러니 충동을 조절하는 습관을 길러라. EQ가 높은 사람들은 평소 나름대로 기(氣)운동, 이완 훈련, 종교 생활을 통해 자신의 충동성을 조절하려고 노력한다.

9. 나는 스트레스 관리를 하고 있는가?

EQ가 높은 사람들은 평소 자신의 스트레스 관리를 잘하고, 스트레스로부터 빨리 벗어나는 특징을 가지고 있다. 특히 정신적인 노동을 하는 사람들은 스포츠나 노동 같은 신체적인 스트레스를 일부러 체험하는 게 좋다.

10. 나는 세상을 긍정적으로 보려고 노력하는가?

EQ가 높은 사람들은 가능한 한 세상을 긍정적으로 보고, 다른 사람의 단점보다는 장점을 보려고 노력한다. 게다가 자신에게도 매우 긍정적이어서 죄의식이나 죄책감에 시달리지 않는다. 자기에게 너그러워지고 가능한 한 세상을 긍정적으로 보아라.

■ 학습정리

1. 감성개발 EQ는 전반적인 인간의 감성 능력 지수를 수치로 이해할 수 있다.
2. 감성지수를 분석하여 현재 자신의 EQ 상태를 알고 대응할 수 있다.
3. 감성개발에 유의사항 10가지를 활용하여 개선대안을 이해할 수 있다.

■ 학습평가

문1: 감성개발(EQ) 게임 설문도구 중 옳지 않은 것은?

① EQ 요소 중 자기감정을 이해하는 능력이 있다.

② EQ 요소 중 타인의 동기부여 능력이 있다.

③ EQ 요소 중 자기감정을 조절하는 능력이 있다.

④ EQ 요소 중 타인의 감정을 이해하는 능력, 인간관계 능력이 그것이다.

(답 ②) 자기 동기 부여를 할 수 있는 능력이며 참고로 EQ 요소는 자기에 관한 요소 3가지, 그리고 타인에 관한 요소 2가지가 있다.

문2: 감성개발(EQ) 결과에 대한 분석 중 연결이 옳지 않은 것은?

① *150~180점 ➡ EQ 천재

② *126~149점 ➡ EQ 수재

③ *96~125점 ➡ 움트는 EQ에 불을 당기자.

④ *60~95점 ➡ 낙심은 금물! EQ는 '하면 된다.'

(답 ④) *60~95점 ➡ '잠자는 EQ를 깨우자'이다.
　　　　　　참고로 *59점 이하 ➡ 낙심은 금물! EQ는 '하면 된다.'

문3: 감성개발(EQ) 방법 중 옳지 않은 것은?

① 나는 나만의 공간을 가지고 있는가?

② 나는 타인과 대화를 하고 있는가?

③ 나는 내가 되고자 하는 존경하는 인물이 있는가?

④ 나는 세상을 긍정적으로 보려고 노력하는가?

(답 ②) 나는 나 자신과 대화를 하고 있는가? EQ가 높은 사람들은 자신과의 대화를 즐길 줄 안다.

인격개발게임 - Star Game

■ 도입사례

NO 사례 12 송혜자(우암닷컴 사장)

송혜자 우암닷컴 사장은 에너지 관련 소프트웨어를 개발할 때 서사현 중소기업유통센터 사장에게 자문을 받고 있다. 한전 정보네 트워크 사장을 역임한 서 사장은 자타가 공인하는 에너지 전문가 이다. 그는 송 사장에게 조언해 주며 8년간 멘토 역을 하고 있다.

우암닷컴이 개발한 전력수요예측 시스템(ENFOS)도 서 사장에게 기술자문을 받은 덕분에 훨씬 수월하게 개발할 수 있었다. 송 사장은 "8년 전 지인 소개로 만나 한 달에 2~3번 통화하며 조언을 얻고 있다."며 "서 사장님의 도움이 없었더라면 에너지 분야에 쉽게 뛰어들지 못했을 것"이라고 말했다.

이경호 영림목재 대표는 최병훈 홍익대 목조형 가구학과 교수와 15년간 멘토 인연을 맺고 있다. 최 교수는 이 대표의 원목서재가구 'e - 라이브러리' 사업과 관련해 디자인 조언을 아끼지 않았다.

특히 그가 제안한 스칸디나비아산 자작나무와 북미 단풍나무를 활용해 제작한 테이블과 의자는 히트상품이 됐다. 이 대표는 "독특한 흰색 재질 나무로 만들어 소비자들 반응이 좋았다."며 "다양한 가구의 기본 구조에서 기술 징보, 수송과 철물 선택까지 최 교수에게 자문을 하고 있다."라고 설명했다.

■ 생각해 봅시다.

예) 본 사례를 통해 여러 분은 어떤 점을 느끼셨습니까?

우암닷컴 송혜자 사장이 에너지 비즈니스 분야에서 성공한 배경에 멘토인 서사현 사장은 어떤 역할을 해 주었습니까?

*학습자 의견:

- -

- -

- -

*전문가 의견:

멘토링에서 멘제가 성공하는 확률이 높은 이유는 멘토 자신의 핵심 역량을 다 부어 주기 때문이다.

멘토인 서사현 사장의 역할은 에너지 핵심 역량을 8년간 제공함으로써 멘제인 송 사장이 성공을 이룬 것이다.

이 점을 감안하여 다음 페이지에 멘토의 핵심 역량을 다루게 될 인격개발 게임(Star Game)을 소개한다.

멘토링에서 멘토의 역할은 핵심 역량을 우선으로 전문적 지원, 정서적 지원, 윤리적 지원 즉 인격적인 지원으로 인격개발 게임이 기초가 되고 있다.

■ 학습개요

멘토링 프로그램의 콘텐츠(Contents)는 인격이다. 최초의 멘토가 텔레마쿠스 왕자를 20년 동안 교재로 수학(知), 철학(情), 논리학(意)을 사용한 데서 기인하며 오늘날 인격을 상징한다.

그러므로 멘토의 존재 이유는 전인적인 삶의 조언자 역할을 하기 위함이다.

인격개발(Star) 게임은 인격을 5가지 주제로 구분하여 멘토/멘제 상호 간 점검하여 삶을 개선함으로써 인격 지수를 높이고자 하는 프로그램이다. 3개월 단위로 체크하여 멘토/멘제 역량 평가 자료로 활용함이 효과적이다.

■ 학습목표

1. 인격에 관한 5가지 주제를 설정하고 개발 목표로 이해할 수 있다.
2. 인격 주제 5가지에 관한 50가지 설문 내용을 설명할 수 있다.
3. 인격 주제별 설문득점을 차트에 표시하면 강점과 약점을 이해할 수 있다.

■ 학습내용

제1장 인격개발(Star) 게임 요약
제2장 인격개발(Star) 게임 측정표
제3장 인격개발(Star) 게임 Chart

■ 학습 전 힌트

멘토 김 팀장 - 잘못된 접근

전산분야에 탁월한 기술을 가지고 있는 멘토 김 팀장은 멘제인 최 과장에 자신의 핵심 역량인 IT분야의 최고 기술을 전수하고 다른 분야는 자기에게 기대를 하지 말라고 하면서 멘토로서 만족해 하고 있다.

멘제 최 과장 – 궁금증

멘제인 최 과장은 김 팀장에게서 자신의 취약분야인 IT분야의 기술을 전수받으면서 멘토 김 팀장에게 감사를 드린다. 그러나 현재 상황이라면 조수나 상사나 팀장이나 코치 등의 역할이지 멘토로서 역할은 어딘지 아쉬움이 있는 것 같아 깊이 생각에 잠겼다.

왜 최 과장은 김 팀장의 멘토링에 대해 그런 식으로 생각했을까?

멘토인 김 팀장에게 기대는 단지 기술 전수뿐만 아니라 인간적인 배려와 삶 속에서 경험담, 성공과 실패의 노하우 등을 은근히 기대했는데 김 팀장의 현재 주장에 관하여 이해할 수가 없었다.

멘토 김 팀장 – 올바른 접근

김 팀장은 어떻게 멘토링하는 것이 좋을까? 지금부터 같이 알아보자.

멘토의 올바른 역할은 기술이나 업무뿐만 아니라 멘제에게 전인적인 삶의 조언자로서 사명을 다해야 한다. 여기서 전인적이라는 개념은 지(知), 정(情), 의(意) 인격적인 조언을 말하고 멘토링 활동은 직장, 가정, 사회활동까지 삶이 넓혀져야 한다.

■ 학습하기

제1장 인격개발(Star) 게임 요약

One to One 멘토링은 단순한 지적 학습과정이 아니다. 사람을 개발하자는 것이다. 그것은 우리의 교육 대상 - 그들이 교육자이건, 경영인이건, 학자건, 주부이건, 직장인이건, 학생이건 - 을 어떤 위치로 한정하여 해석하는 것을 그만두는 것이다. 왜 그런가 하면, 어떤 존재이기 이전에 그는 인간이기 때문이다.

멘토링에서 사람개발은 '한 사람인 멘토(Mentor)가 한 사람인 멘제(Menger)에게 자신을 모델(Model)로 한 전인적(全人的)인 삶을 전이(轉移)하는 것'이다.

다시 전인적인 삶을 세분화(細分化)한다면 마음부분(Hightouch), 건강부분(Highhealth), 지적부분(Hightech), 자기관리부분(Highselfcontrol), 이웃관계부분(Highrelation)으로 나누었고 각 부분마다 10가지 설문(10설문×2점 만점＝20점)을 선정하여 자기 측정 방식으로 개발 기법(Tool)을 채택한 것이다.

여기에서 개인의 인재개발지수(PDI)는 5가지 부분마다 만점 20점을 지수로 하여 실제 자기 측정하여 얻은 점수를 역시 실제 지수로 활용토록 했다.

인재개발지수의 측정목적은 측정한 자료를 멘토와 멘제가 멘토링 활동하는 동안에 강점과 약점을 분명히 알 수 있으므로 그에 대한 충분한 대응책을 마련하여 5가지 부분의 지수를 업그레이드할 수 있는 것이다.

결국 멘토링에서 멘토는 멘제 한 사람을 위해 100% 역량을 발휘하여 그의 개성과 재능(Talent)을 최대한 발휘할 수 있도록 하여야 한다. 더욱 구체적으로 5가지 즉, 마음지수, 건강지수, 지식지수, 자기관리지수, 이웃관계지수 등 그의 인간 개발 지수(PDI)를 업그레이드해 줄 수 있는 사람이어야 한다.

Star Game 5가지 분야별 지수 목표		
지수 목표/지수 분야	지수별 착안점	인간개발지수
① Hightouch(마음지수) ② Hightech(지식지수) ③ Highhealth(건강지수) ④ Highcontrol(관리지수) ⑤ Highrelation(관계지수)	포용력, 정서력, 봉사헌신력 지식력, 기술력, 정보력 정신과 신체의 건강력 의지, 절제, 판단, 분별력 조직원 간, 가족 간, 사회활동	만점 20점 만점 20점 만점 20점 만점 20점 만점 20점 합 100점 중( )

탁월 81 - 100	우수 61 - 80	보통 41 - 60	부족 21 - 40	문제 0 - 20

제2장 인격개발(Star) 게임 측정표

1. 개인의 인재개발지수란? '내가 Star(고품격의 인재)로 얼마만큼 개발되었는가'를 아래 5가지 부분으로 자기(自己) 측정하는 것이다.

2. 절대평가이기 때문에 설문에는 어느 것이 맞고 틀린다고 할 필요가 없다. 자기의 삶의 현장에서의 습관과 행동을 그대로 표시하면 된다.

3. 이 평가지는 남들과 비교하기 위한 것이 아니라 멘토와 멘제가 단지 멘토링 활동에서 인재개발지수를 업그레이드하여 상호 간 개인발전을 하기 위한 참고 자료다.

4. 다음의 각 설문이 당신의 경우에 얼마나 해당되는지 아래 점수를 기록하되 설문 한 개당 2점 만점으로 한다.

딕월	우수	보통	부족	문제
2	1.5	1	0.5	0

번호	High Touch 마음지수	점수
1	나는 타인을 위해 가능한 넓게 포용력을 발휘하는 편이다.	
2	나는 이웃을 위해 구체적으로 헌신 봉사한 사례가 있다.	
3	나는 다른 사람과 다툼이 있을 때 먼저 화해를 청한다.	
4	나는 아름다운 음악을 들으며 그 느낌을 머릿속에 상상해 보곤 한다.	
5	내가 해야 할 일은 힘들고 하기 싫더라도 분명히 해낸다.	
6	다른 사람이 나를 비판할 때 화가 날지라도 그 원인을 곰곰이 찾아본다.	
7	나는 업무나 학습 외에도 악기나, 그림과 같은 특기나 취미를 한 가지 이상 가지고 있다.	
8	나는 타인을 책망하기보다는 칭찬을 더 많이 해 주는 편이다.	
9	다른 사람이 훌륭한 일이나 좋은 성과(성적)를 거두었을 때 진심으로 축하해 준다.	
10	나는 교양서적과 명상에 관한 글을 자주 읽는 편이다.	
	소 계	

번호	High Tech 지식지수	점수
1	내가 소지한 자격증을 활용하고 있는가?	
2	내가 소지한 지적 재산권(특허권 포함)을 활용하고 있는가?	
3	내가 소지한 업무 노하우(Know How)를 활용하고 있는가?	
4	내가 취득한 학위(학. 석. 박사 등)를 활용하고 있는가?	
5	내가 취득한 정보를 활용하고 있는가?	
6	내가 소지한 기술을 활용하고 있는가?	
7	나의 IT(정보기술 – 컴퓨터 인터넷 등) 실력은?	
8	내가 다루는 업무에서 전문서적을 활용하는 정도는?	
9	나의 자기개발을 위한 장단기 계획은?	
10	나의 외국인과 의사소통 수준은?	
	소 계	

번호	High Health 건강지수	점수
1	나는 정기적으로 건강을 위해 운동을 한다.	
2	나는 정기적으로 건강 진단을 받는다.	
3	나의 체중과 신체는 균형을 이루고 있다.	
4	나의 기상시간과 취침시간은 일정하다.	
5	나는 과로 등을 피하면서 정상적인 근무시간을 유지한다.	
6	나는 의료보험증 사용 빈도가 많지 않다.	
7	나는 건강에 무리하지 않게 휴식을 취한다.	
8	나는 건강에 좋은 음식을 고를 수 있다.	
9	나는 정신 수양을 위해 명상의 시간을 갖는다.	
10	나는 직장이나 가정 등에서 스트레스를 받으면 바로 풀려고 노력한다.	
	소 계	

번호	High Selfcontrol 관리지수	점수
1	나는 선(善)과 악(惡)을 판단할 수 있는 능력이 얼마인가?	
2	나는 진리(眞理)와 허위(虛僞)를 판단할 수 있는 능력이 얼마인가?	
3	나는 상(賞)과 벌(罰)을 판단할 수 있는 능력이 얼마인가?	
4	나는 혈기(血氣)를 절제할 수 있는 능력이 얼마나 있는가?	
5	나는 식욕(食慾)을 절제할 수 있는 능력이 얼마나 있는가?	
6	나는 성욕(性慾)을 절제할 수 있는 능력이 얼마나 있는가?	
7	나는 오락(娛樂)을 절제할 수 있는 능력이 얼마나 있는가?	
8	나는 시간(時間)을 계획하고 그대로 지키고 있는가?	
9	나는 나의 수입(收入)과 지출(支出)에 균형을 맞추고 있는가?	
10	나는 나에 주어진 물자에 대하여 절감 의식이 어느 정도인가?	
	소 계	

번호	High Relation 관계지수	점수
1	나는 직장에서 선배와 인간관계가 좋은 편이다.	
2	나는 직장에서 동료와 인간관계가 좋은 편이다.	
3	나는 직장에서 후배와 인간관계가 좋은 편이다.	
4	나는 가정에서 부모님과 인간관계가 좋은 편이다.	
5	나는 가정에서 부부 또는 (미혼 경우) 형제자매와 인간관계가 좋은 편이다.	
6	나는 가정에서 자녀 또는 (미혼 경우) 친척들과 인간관계가 좋은 편이다.	
7	나는 동창회에 참석하여 두터운 관계로 사귀고 있다.	
8	나는 취미, 오락, 특기 등의 동호회에 참석하여 회원으로 활동한다.	
9	나는 업무상, 교제상 등 학회나 전문인 모임에서 교제를 넓히고 있다.	
10	나는 사회 건전 단체나 봉사 기관에 참석하고 있다.	
	소 계	

제3장 인격개발(Star) 게임 Chart

1. CHART 완성하기

Star Game 측정 표에서 5가지 주제별로 각 지수(점수)를 먼저 확인하고서 다음 단계로 들어간다. 아래의 별을 보면 각 꼭지별로

10칸씩 나눠 있음을 발견할 것이다.

그러면 각 지수별의 만점은 한 꼭지당 20점이므로 한 칸에 2점 씩 배점하여 실 득점수를 가지고 큰 별 속에서 작은 별(실제득점 지수)을 그리면 멘토와 멘제의 별(Star)이 시각화(視覺化)된다.

☐ 멘토:

☐ 멘제:

☐ 작성일자:

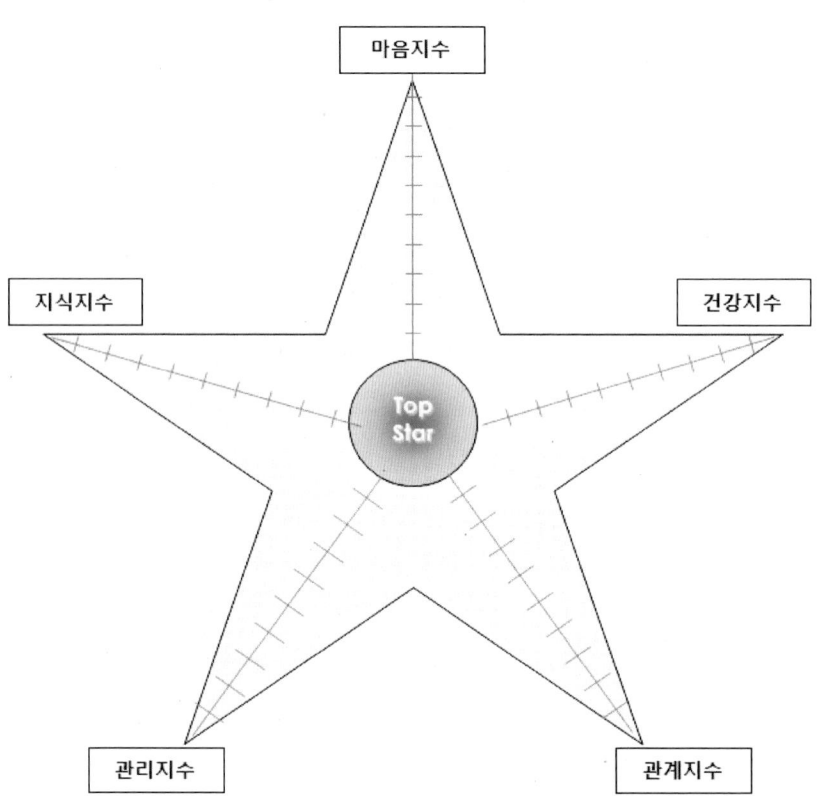

2. 인격지수 대안

▷ 인격점수 목표점수 찾기:

100점 만점의 인격개발 점수를 계산한 후 금번 자신이 득점한 점수를 감하면 목표점수를 찾을 수 있다.

예: 100점 − 자신 현재 득점수 = 목표점수

▷ 목표점수 달성에 참고할 사항은 앞으로 멘토링 활동 기간에 0점이나 0.5점 처리한 설문을 우선적으로 다루면 목표점수 달성에 유리하다.

▷ 아래 표에 0점이나 0.5점 처리한 설문을 기록하고 멘토/멘제가 상의하여 각각 점수 올리는 토의를 하기 바란다.

Idea 집계표

NO	0점이나 0.5점 설문 항목	점수 올릴 대안
1		
2		
3		
4		
5		
6		
7		
8		
9		
10		
11		
12		
13		
14		
15		
16		

■ 학습정리

1. 인격에 관한 5가지 주제별로 100점 만점에 목표점수를 이해할 수 있다.
2. 인격 주제별로 현재 자신의 득점과 미래 목표점수를 파악할 수 있다.
3. 인격점수를 파악한 후 목표점수에 관한 대안 방법을 이해할 수 있다.

■ 학습평가

문1: 인격개발(Star) 게임 요약 중 옳지 않는 것은?

① 인격을 지(知), 정(情), 의(意)로 구분할 수 있다.
② 인격주제를 마음, 지식, 건강, 관리 관계로 구분할 수 있다.
③ 인격 중 지식 분야를 집중적으로 개발해 주어야 한다.
④ 인격개발 게임은 3개월 단위로 평가할 수 있다.

(답 ③) 구체적으로 5가지 즉, 마음지수, 건강지수, 지식지수, 자기관리지수, 이웃관계지수 등 전인적으로 업그레이드해 줄 수 있는 사람이어야 한다.

문2: 인격개발(Star) 게임 측정표 중 옳지 않는 것은?

① 인격의 5가지 주제는 마음, 지식, 건강, 관리 관계 등으로 구분된다.

② 인격의 5가지 주제는 상대평가를 원칙으로 한다.

③ 인격의 5가지 주제는 각기 10가지 설문에 20점 만점으로 계산한다.

④ 인격의 50가지 설문은 각기 2 − − − − −0점 등 5가지로 구분하여 채점한다.

(답 ②) 인격 설문은 절대평가이기 때문에 설문에는 어느 것이 맞고 틀린다고 할 필요가 없다. 삶의 현장에서의 습관과 행동을 그대로 표시하면 된다.

문3: 인격개발(Star) 게임 Chart 작성 중 옳지 않는 것은?

① 인격개발 게임(Star)은 멘토의 지원하에 멘제만 실시한다.

② 인격의 목표점수＝100점 − 현재득점 등식으로 표시한다.

③ 별 모형의 차트 작성 방법은 5가지 주제별 득점 수치로 한다.

④ 인격 점수 높이는 방법은 0점이나 0.5점으로 채점한 설문을 우선한다.

(답 ①) 멘토링은 상호 유익의 원칙하에 활동하는 것이며 특히 인격개발 게임은 멘토/멘제 두 사람 각기 시행한다.

Module_5

Strategy 멘토링 운영전략

조직 멘토링에 관한 시스템 구축과 운영 방법을 다루면서 특히 조직에 적용되는 제도적 멘토링의 목적을 투자(인력투자, 자금투자, 시간투자 등)의 관점에서 인간성 바탕 위에 업무생산성 효과를 확보하는 데 두었다. 여기에서는 실전 성공전략, 생산성 확보 전략, 그리고 종합 평가로 정량평가 및 정성평가 방법을 다루었다.

멘토링 실전 전략

■ 도입사례

NO 13 사례 해외 – GE그룹

　세계적 기업인 제너럴일렉트릭(GE)의 잭 웰치는 "최고의 인재를 뽑을 수 있고 최고의 인재로 키울 수 있다면 조직은 성공할 것"이라고 인재 중시의 경영을 외치면서 업무의 70% 이상을 인사관리에 집중했다.

　GE그룹은 우수인재 개발 멘토링, 임원 양성 멘토링, 차기 CEO 양성 멘토링, 역(Reverse) 멘토링 등 종합적인 멘토링을 가동해 왔다.

1. 우수인재 개발 멘토링 – 우수사원 후보를 멘제로 선발하여 우수사원 멘토와 연결하여 멘토링함으로써 진급자의 80%(1998년도)가 멘토링을 받는 자 중에서 나왔다.

2. 역 멘토링 – 1999년 간부사원 600여 명을 멘제로 하고, 젊은 사원을 멘토로 IT분야 기술을 6개월간 전수받았다. 잭 웰치 자신도 멘제가 되어 37세 팜 위컴 플라스틱부서 부장한테 멘토링을 통하여 IT기술을 전수받았다.

3. 임원개발 멘토링 – 2005년 39세의 젊은 나이에 GE 플라스틱 부문 사장 자리까지 오른 여성 CEO 샤린 베글리다. 2006년 방한한 베글리 사장은 "고위직 임원들의 멘토링과 혹독한 리더십 프로그램 덕분에 20년간 배울 것을 6년 만에 끝냈다." 고 임원 멘토링을 밝혔다.

4. 차기 후계자 멘토링 – 후계자인 멘티 이멜트를 위해 1여 년간 잭 웰치는 멘토로서 자신의 모든 노하우를 전이(轉移)하는 데 최선을 다하는 멘토링 관계를 유지했다.

■ 생각해 봅시다.

예) 본 사례를 통해 여러분은 어떤 점을 느끼셨습니까?

GE그룹 잭 웰치는 업무 중 70%를 인사관리에 투자했는데 그의 멘토링 중 가장 인상 깊은 것은 무엇입니까?

*학습자 의견:

- -
- -
- -
- -

*전문가 의견:

GE그룹은 전 세계적으로 존경받는 조직이다. 왜냐하면 인재중심을 바탕으로 하면서도 최고의 실적을 거두고 있기 때문이다. 그리고 인사관리의 핵심은 멘토링이다. 가장 돋보이는 멘토링은 역(Revrse) 멘토링으로 자신이 직접 멘제가 되어 취약한 IT분야 지식을 보완한 것이다.

이 점을 참작하여 다음 페이지에 GE그룹의 종합적인 멘토링을 벤치마킹하여 현장에서 멘토링 실전 전략을 다루었다.

멘토링의 성공전략은 먼저 조직 내 리더 개발과 그 다음 업무 능력 향상에 초점을 맞추고 Off Line뿐만 아니라 On Line 프로그램으로 접근이 필요하다.

■ 학습개요

멘토링 프로그램을 통하여 단순히 업무성과만 내겠다는 생각은 문제 있는 접근이다. 멘토링은 차세대 리더를 만들어 주는 연결고리 역할을 해야 한다. 리더를 키우겠다, 핵심인재를 기르겠다는 전략적인 생각으로 접근해야 성공률을 높일 수 있는 것이다. 오프라인뿐만 아니라 인터넷 기반의 시스템도 마련해야 한다. 이를 통해 정보를 제공하고 상호 교류를 활성화하는 것이 필요하다.

■ 학습목표

1. 국내 멘토링의 북미 쪽에서 도입배경과 현황을 이해할 수 있다.
2. 국내 멘토링에 관한 실패원인 분석과 12기지 원인을 실명할 수 있다.
3. 국내 멘토링의 성공 의미와 7가지 성공전략을 이해할 수 있다.

■ 학습내용

제1장 멘토링 국내현황
제2장 멘토링 실패원인
제3장 멘토링 성공전략

■ 학습 전 힌트

멘토 김 팀장 - 잘못된 접근

멘토인 김 팀장은 멘토링의 업무 효율성을 위하여 1:1보다는 멘토 1:멘제 소그룹 방식을 거론하면서 다음번부터 시행할 수 있도록 공론에 붙였다.

멘제 최 과장 - 궁금증

멘제인 최 과장은 현재 김 팀장과 1:1로 결연을 맺고 김 팀장으로부터 업무와 인간적인 차원에서 독점적인 지원으로 만족한 상태인데 김 팀장의 1:다수 방식에 문제점을 생각하고 깊이 생각에 잠겼다.

왜 최 과장은 김 팀장의 멘토링에 대해 그런 식으로 생각했을까?

멘제인 최과장은 멘토링 참여 당시 멘토 1:멘제 1 방식에 호감을 갖고 지원하였는데 김 팀장의 제안에 이해할 수가 없었다.

멘토 김 팀장 - 올바른 접근

김 팀장은 어떻게 멘토링하는 것이 좋을까? 지금부터 같이 알아보자.

멘토링의 실패원인 중 생산성 중심의 정규업무와 인간성 중심의 멘토링 업무를 구분하지 못하는 데 있다고 본다. 특히 성공 요인으로 단순히 업무성과만 내겠다는 생각으로 접근하면 곤란하며 멘토링은 리더를 만들어 주는 연결고리 역할을 해야 한다. 즉 업무의 효율성보다는 우선적으로 1:1로 멘제를 분명히 자기와 같은 멘토로 재생산 리더를 키우겠다, 핵심인재를 기르겠다는 생각으로 접근해야 성공할 수 있는 것이다.

■ 학습하기

제1장 멘토링 국내 현황

1. 국내 멘토링 도입 현황

멘토링이 국내에 소개되는 시점은 30년 전으로 추측한다. 먼저 멘토링을 먼저 접한 사람은 외국 유학을 통해 주로 미국에서 멘토링을 경험하고 국내에 귀국한 대학 교수들이다.

다음으로는 외국 선교사 특히 네비게이토 선교 단체에서 국내에서 멘토링 기법을 이용하여 1:1 성경공부나 선교방법으로 교회에서 활용한 것이다.

최근에 멘토링을 특히 조직체에서 HRD 분야 종사자들이 미국 산업교육협회(ASTD) 매년 정기 세미나에 다녀오면서 멘토링에 관한 정보를 얻어 국내에 소개한 것이다.

그러나 위의 몇 가지 사례들은 참고자료로 활용하는 정도로 실제 조직 현장에 적용하기는 실행 프로그램 차원에서 미흡한 자료들이었다.

오늘날 기업체의 47.5%(잡코리아), 대학생의 43.1%(장원섭 교수 저서-『대학생 멘토링 시스템 모델개발』)가 멘토링을 경험했다는 보고 자료가 공개되었다.

실제로 국내 삼성, 현대, LG, SK, 두산, 포스코, 한화, 동부, STX, 삼양 등 그룹사들은 100% 신입사원 정착에 멘토링을 적용하고 있다.

멘토링의 확산은 기업체뿐만 아니라 공공기관에서 활발히 거론되고 있다. 지식경제부, 행정안전부, 농림식품부, 교육과학기술부 등 그리고 노동부는 금번 멘토링을 프로젝트 개념으로 업무 혁신 차원에서 8개월 시범 시행했다.

대학에서는 심각한 정원 미달 상태와 취업률 부진으로 이를 타개하기 위한 대안으로 30% 정도 멘토링을 도입했거나 현재 도입 준비에 열을 올리고 있다.

그동안 멘토링은 전문 업체 다섯 군데(멘토링코리아 류재석 대표, 멘토링 솔루션 김호정 원장, 멘토링코리아 컨설팅 나병선 대표, 한국 멘토링 코칭사 이용철 원장, 핸즈프리사 홍은경 소장 등)와 멘토링 지도사 프리랜서의 활동을 합하여 지금까지 멘토링 도입이나 특강한 조직체, 공공기관, 군대, 교회, 학교 등을 종합해 보면 대략 500군데 정도로 예측한다.

제2장 멘토링 실패원인

멘토링이 국내에서 실패했다는 차원에서 전략적으로 분석해 보는 것으로 우선 사회적인 여건 조성의 미흡, 전문가들의 책임문제 그리고 고객인 업체의 실패원인 제공 등으로 구분해서 정리한 자료다.

1. 멘토링의 실패에 관한 의미

먼저 멘토링을 도입하는 과정에서 분명히 개인이나 조지의 입장에서 멘토링을 프로젝트 개념으로 투자 요인에 유의해야 한다. 첫째가 시간투자이고, 둘째는 인력 투자이고, 셋째는 자금 투자로 볼 수 있다.

그러므로 멘토링이 실패로 끝날 경우 개인과 조직 모두에게 상당한 금전적·심리적 손실을 가져오게 된다.

우선 멘토 입장에서는 자신이 멘토링에 투자한 엄청난 시간에 대해 아무런 소득을 보지 못했다는 상실감으로 인해 상당한 충격을 받을 수 있다. 또 실패한 멘토라는 소문이 퍼질 경우 조직 내에서의 입지가 상당히 좁아질 수 있다. 게다가 이러한 실패담은 조직 전체의 손실로도 이어질 수 있다. 즉 아무리 시간과 노력을 투자해도 결국 실패하면 "좋은 소리를 못 듣는구나."라는 부정적 인식이 전체 멘토 후보자들에게 퍼질 경우, 조직에서 멘토 인력을 확보하는 데 당장 큰 어려움을 겪을 수 있기 때문이다.

멘제의 경우 실패에 따른 부정적 영향이 더욱 직접적으로 나타난다. 즉 멘토링에 실패한 멘제는 업무 또는 조직생활에 적응하지 못할 뿐만 아니라, 실력 향상 및 경력 개발이 부진해지고 상사나 동료들과도 원만한 대인 관계에 부정적인 영향을 미치게 된다.

조직 전체 차원에서 보면, 멘토링 제도의 설계 및 운영과정에서 투자한 자원(시간, 인력, 자금 등)에 대한 소득이 없으므로 상당한 금전적 손실을 보게 된다. 또한 전체 구성원들의 사기나 조직 분위기도 크게 떨어지게 된다.

그렇다면 과연 멘토링에 실패하는 이유는 무엇 때문일까? 멘토링의 실패원인은 프로그램 목적의 부적절성, 설계과정에서의 미숙함 등 여러 가지가 있을 수 있다. 그런데 이러한 원인들을 자세히 살펴보면, 대부분 조금만 더 주의를 기울인다면 충분히 해결할 수 있는 문제들임을 알 수 있다. 따라서 실패를 반복하지 않기 위해서는 반드시 기존의 멘토링 활동에 대한 도입과정과 실행과정에서의 효과에 대한 평가가 제대로 이루어져야 한다.

물론, 100% 완벽한 제도나 시스템은 있을 수 없다. 그러나 멘토링 과정에 불합리한 요소 등을 찾아내고 이를 개선하는 활동을 지속적으로 해 나간다면 멘토링의 성공률을 크게 높일 수 있을 것이다. 다음은 멘토링에 관련된 실패원인을 정리해 보고자 한다.

2. 멘토링 실패원인 정리

1) 생산성 중심의 정규업무와 인간성 중심의 멘토링 업무를 혼동하고 있다.

2) 수평적 멘토/멘제 관계에서 상·하급 수직 라인의 한계를 극

복하지 못하고 있다.

3) 멘토/멘제 간의 비윤리적·비도덕적인 과당경쟁 관계를 초래하고 있다.

4) CEO의 무관심과 상급자의 몰이해로 활동이 위축되고 있다.

5) 분명한 목표설정이 아니고 비현실적이고 알쏭달쏭한 목표설정을 하고 있다.

6) 적극적 참여 유도에 실패하고 있다(지리적 한계, 지역 및 부서의 이질성 등).

7) 지나치게 단기적으로 멘토링 활동 기간을 운영함으로써 정서부문이 미흡하다.

8) 조직 차원(경영진 인사부서 등)에서 지원이 부족하다.

9) 동료나 주위 사람들의 오해소지가 있다(예를 들자면 멘토링을 사교적 관계, 파벌형성 등으로 왜곡).

10) 멘토/멘제의 니즈나 가치관을 제대로 고려하지 않고 활동한다.

11) 멘토/멘제의 개인 성장이나 목표를 고려치 않고 생산성 향상에 주력한다.

12) 멘토, 멘제, 상사의 삼각관계에서 갈등이 노출되고 있다.

제3장 멘토링 성공전략

북미 지역에서 성공 프로그램으로 인증된 멘토링을 국내에서도 유행성으로 밀려나지 않고 어떻게 생산성 향상에 기여하며 또한 멘토링 전문가를 통하여 지속적으로 프로그램 유지 관리를 할 수 있을까?

특히 멘토링 프로그램을 개발 당시 한국적인 정서에 맞게 아울러 생산성 효과를 창출할 수 있도록 개발한 프로그램을 어떻게 현장에서 제대로 활용할 수 있을까를 전략적인 차원에서 실패원인 분석을 기초로 하여 성공전략 7가지를 제시한다.

1. 멘토링 성공의 의미

인재 확보 여부가 조직 경쟁력의 성패를 결정한다는 인식이 확산되면서 해외기업들은 물론 국내조직들도 우수인재를 확보하기 위해 총력을 기울이고 있다. 또한 대조직뿐만 아니라 지금까지 상대적으로 인재 확보에 소극적이었던 금융권이나 공조직들도 고급 인재를 적극적으로 찾아 나서고 있다. 특히, 전문성과 실력을 갖추고 있다면 국적이나 출신을 가리지 않겠다는 글로벌 차원의 인재 유치 움직임도 점차 강해지고 있다. 이처럼 조직들의 소위 '인재확보전쟁'은 앞으로 더욱 치열해질 것으로 예상된다.

이러한 경영 환경 속에서 조직이 지속적으로 성장하고 경쟁력을 유지하기 위해서는 끊임없이 조직의 전략적 과제 달성에 필요한 인재를 육성해야 한다. 즉 조직 스스로 '인재를 만들어 내는 공장'이 되어야 한다는 것이다. 또한 조직은 한 사람의 힘으로 움직이는 조직이 아니기 때문에 미래 조직을 이끌어 갈 핵심인재를 확보하는 것도 중요하지만 구성원 전체의 실력을 향상시키는 활동도 게을리해서는 안 된다.

멘토링이 실제로 조직 내에서 원활하게 돌아가기 위해서는 무엇보다 조직 차원에서의 충분한 지원체제를 조성해야 한다. 설계상 아무리 뛰어난 제도라 하더라도 조직의 분위기나 여건이 받쳐 주지 않는다면 그림의 떡으로 전락할 수 있기 때문이다. 따라서 멘토링 제도를 성공적으로 실행하기 위해 전략적인 차원에서 반드시 필요한 5가지를 살펴보기로 하자.

2. 일반적인 차원에서 성공전략 정리

1. 조직의 적극적인 지원이 필요하다.
2. 멘토링 활동 기간을 잘 잡아야 하다.
3. 제반 인사제도와 연계한다.
4. 조직 내 리더에게 인재육성의 책임을 지운다.
5. 직속상사의 적극적인 협조를 구한다.
6. 멘토링 활동 후에도 지속적인 관계를 유지한다.
7. CEO의 열정과 몰입이 성공의 핵심이다.

3. 성공전략 대담 기사 내용

[류재석 대표 Interview – 한경 비즈니스 권오준 기자 2003. 5. 11]

류재석 멘토링코리아 대표(64)는 '멘토링'이라는 용어가 생소했던 지난 1998년 2월 멘토링 컨설팅업체를 설립, 지금까지 왕성하게 활동하고 있다. 이전에 경영컨설턴트로 활동했던 류 대표는 "핵심인재 5%를 10%로 늘리고, 문제 사원 10%를 5%로 줄이는 방법이 무엇일까라는 화두로 심각하게 고민하다가 결국 멘토링에서 해

답을 찾았다."라고 한다. 그는 "멘토링은 인재개발의 훌륭한 수단으로 더 많은 조직들이 도입할 것"이라고 내다봤다.

문1: 최근 멘토링 도입 업체가 늘어나는 배경은?

2000년 매킨지가 '21세기 인재개발전략으로 멘토링은 놀라운 능력을 발휘하고 있다'는 보고서를 내면서 국내조직들이 바빠졌습니다. 인식이 바뀐 것입니다. 이전에는 멘토링을 그저 신규직원의 조직적응을 도와주는 수단이나 분위기 조성용으로 여겼습니다. 그러나 요즘은 가장 효과적이고 확실한 인재육성 전략으로 인식이 바뀌었습니다. 휴렛패커드(HP)나 인텔은 이미 경영 화두를 멘토링으로 가져가겠다고 밝혔습니다.

문2: 인재육성 차원에서 멘토링의 강점은 무엇인가요?

일대일은 가장 효과적인 인재개발 수단입니다. 국내조직의 인재개발은 대집단, 중집단(팀장제도), 소집단(코치) 형태로 변화해 왔습니다. 이런 과정을 거쳐 최종적으로 나온 것이 바로 일대일 멘토링입니다. 이 세상에서 일대일만큼 강력한 교육수단은 없습니다.

문3: 멘토링을 도입하고도 성과를 내지 못하는 조직도 있는데요?

아직 우리나라에 적용하는 조직 멘토링은 초보적인 수준입니다. 단순히 신규직원의 조직 적응이나 조직 간의 관계 정립 차원에서 진행되는 멘토링은 실패할 수밖에 없습니다. 이를 유사멘토링이라고 부르고 싶습니다. 치밀한 프로그램 없이 대충 선배와 후배를 연결시키는 것은 효과를 기대하기 힘듭니다. 한마디로 옛날 버전입니다.

문4: 그럼 성공하려면 어떻게 합니까?

단순히 업무성과만 내겠다는 생각으로 접근하면 곤란합니다. 멘토링은 리더를 만들어 주는 연결고리 역할을 해야 합니다. 리더를 키우겠다, 핵심인재를 기르겠다는 생각으로 접근해야 합니다. 오프라인뿐만 아니라 인터넷 기반의 시스템도 마련해야 합니다. 이를 통해 정보를 제공하고 상호 교류를 활성화하는 것이 필요합니다.

■ 학습정리

1. 멘토링에 관한 대조직과 공공기관 도입 필요성을 이해할 수 있다.
2. 멘토링의 실패원인 분석을 전략적전 차원에서 확인할 수 있다.
3. 한국적인 정서에 맞게 생산성 효과를 얻기 위한 성공전략을 이해할 수 있다.

■ 학습평가

문1: 멘토링 국내 현황에 관한 내용 중 옳지 않는 것은?
① 멘토링이 국내에 소개되는 시점은 30년 전으로 추측한다.
② 최근 멘토링 도입은 미국정부의 전략적인 목적으로 도입되었다.
③ 학계에는 미국에서 유학하고 돌아온 교수들로부터 도입되었다.

④ 교회계통은 네비게이토 선교단체로부터 도입되었다.

(답 ②) 최근 도입은 ASTD(미국산업교육협회), 맥킨지 컨설팅, GE 그룹 등 민간업체를 통해 도입이 활발하게 이루어졌다.

문2: 국내 멘토링 실패원인 설명 중 옳지 않는 것은?

① 정규업무와 멘토링 업무를 혼동해서 운영하고 있다.

② CEO의 무관심과 상급자의 몰이해로 활동이 위축되고 있다.

③ 분명한 목표설정 없이 두루뭉술하고 비현실적인 목표설정을 하고 있다.

④ 너무나 장기간 활동으로 프로그램 유지 관리가 어렵다.

(답 ④) 지나치게 단기적으로 멘토링 활동 기간을 운영함으로써 정서부문이 미흡하다.

문3: 국내 멘토링 성공전략 설명 중 옳지 않는 것은?

① 단순 업무성과에 집착한다.

② 조직의 적극적인 지원이 필요하다.

③ 멘토링 활동 기간을 잘 잡아야 한다.

④ CEO의 열정과 몰입이 성공의 핵심이다.

(답 ①) 단순히 업무성과만 내겠다는 생각으로 접근하면 곤란하다. 멘토링은 리더를 만들어 주는 연결고리 역할을 해야 한다. 리더를 키우겠다, 핵심인재를 기르겠다는 생각으로 접근해야 한다.

멘토링 적용 생산성 효과

■ 도입사례

NO 14 사례 해외 - P&G

미국의 생활용품 제조업체인 P&G는 여성인재를 육성하기 위해 여성개발 멘토링을 도입했다. 1990년대 초 본사 광고부문 여성 초급간부 이직률이 남성보다 2배 높은 수준이었는데, 이때 '여직원 육성을 위한 태스크 포스'를 구성해 여성 초급관리자가 멘토가 되고 남성 고위관리자가 멘제가 되는 여성개발 멘토링 프로그램을 시작했다. 조직 내 역할모델 부족, 기혼 여직원의 육아 문제, 경력

개발 전망 불투명 등 어려움을 파악하자 이직률이 상당히 감소했다. P&G는 2010년까지 전 부서에서 여성인재를 골고루 육성하고 이직률을 1%로 줄이며 근무만족도를 높인다는 목표를 설정했다.

▣ 생각해 봅시다.

예) 본 사례를 통해 여러 분은 어떤 점을 느끼셨습니까?

P&G사는 왜 여성개발 멘토링을 우선 도입했을까요? 그리고 멘토링의 목표를 어떻게 설정했나요?

*학습자 의견:

_____

_____

_____

*전문가 의견:

멘토링을 도입하기 전에 반드시 조직의 환경 분석을 실시하여 그 결과 취약한 부문이나 부진한 분야나 그리고 우선적으로 다루어야 할 분야에 멘토링을 도입하는 것이 생산적이다.

P&G는 여직원 이직률이 남직원의 2배가 되어 부진한 분야인 여성개발 멘토링을 도입한 것이고 목표율은 이직률 1%로 줄이고 근무만족도를 높이는 데 목표를 설정했다.

이 점을 참작하여 다음 페이지에 생산성과를 거둘 수 있는 멘토링 기법을 소개한다.

조직에 적용하는 제도적 멘토링은 인간성 바탕 위에 생산성이라는 두 마리 토끼를 염두에 두고 프로그램을 진행하는 것이 생산성 효과를 거둘 수 있는 것이다.

■ 학습개요

멘토링을 공공조직에 적용함에 있어 가장 중요한 개념은 '업무 생산성과 어떻게 연결할 것인가'이다. 많은 사람들이 인간성 위주 멘토링이라는 선입관으로 업무성과를 등한히 하는 경우가 있는데 이는 짧은 생각이다. 각 조직에서 멘토링의 기대효과는 인간성 바탕 위에 생산성 효과라는 두 마리 토끼를 염두에 두고 프로그램을 진행해야 한다.

■ 학습목표

1. 조직문화에서 멘토링의 기대효과 6가지를 구체적으로 이해할 수 있다.
2. 각 조직에서 업무생산성 효과 6가지를 설명할 수 있다.
3. 특히 공공기관에서 멘토링을 효과적으로 운영하는 실무를 이해할 수 있다.

◼ 학습내용

제1장 조직문화와 멘토링 효과
제2장 멘토링의 생산성 효과
제3장 공공기관 효과적 운영제도

◼ 학습 전 힌트

멘토 김 팀장 - 잘못된 접근

멘토링 추진을 앞두고 멘토로 선임된 김 팀장은 멘토링 활동 목표를 구체화보다는 인간적인 면에서 두루뭉술하게 상호 간 협조차원에서 포괄적으로 시행할 것을 주장하였다.

멘제 최 과장 - 궁금증

멘제로 선임된 최 과장은 김 팀장의 주장에 어느 면에서 특정 목표 없이 두루뭉술하게 진행하는 것이 좋을 듯한 생각도 가졌으나 분명한 목표 없이 진행한다면 너무나 방대한 멘토링 활동에 성과를 달성할 수 있을까 깊이 생각에 잠겼다.

왜 최 과장은 김 팀장의 멘토링에 대해 그런 식으로 생각했을까?

최 과장 입장에서는 멘토링도 조직에서 하나의 특정업무로 추진하는데 구체적인 목표설정으로 활동 종료 시점에서 성과 측정을 할 수 있을지 김 팀장의 의견을 이해할 수가 없었다.

멘토 김 팀장 – 올바른 접근

김 팀장은 어떻게 멘토링하는 것이 좋을까? 지금부터 같이 알아보자.

김 팀장은 먼저 정부기관 멘토링 활동분야를 분명히 이해하여야 한다. 예를 들면 1) 신규직원 멘토링, 2) 업무능력 향상 멘토링, 3) 상하 간 관계촉진 멘토링, 4) 대민서비스 향상 멘토링 등 하나의 분명한 목표를 설정하여 사전에 공고하고 여기에 맞게 활동 종료 시점에서 생산성과를 낼 수 있도록 책임 있게 목표를 추진해야 한다.

■ 학습하기

제1장 조직문화와 멘토링 효과

지식이 지배하는 시대에 접어들고 직장이 지속적인 학습의 장으로 변모하면서, 멘토링은 경력 개발을 위해 경영자들이 가장 선호하는 수단이 되었다.

이처럼 경영자가 지속적인 학습을 촉진하기 위한 조직적 전략의 일환으로 멘토 제도를 시행하고 있는 조직들은, 현재 조직이 주목해야 할 다음과 같은 몇 가지 목표들에서 실질적인 기대효과를 이룰 수 있을 것이다.

1. 업무 수행 능력의 증진

멘토링은 경영자와 직원 사이, 멘토와 멘제 사이의 의사소통 기회를 더 많이 제공한다. 또한 경영자는 직원의 경력 발전 과정을 지켜볼 수 있는 기회도 얻게 된다. 이런 관계를 통해 경영자나 리더들은 조직의 비전을 전파할 수 있고, 직원들의 요구와 애로를 이해할 수 있으며, 직원들은 자신이 몸담고 있는 조직에 대해 더 많은 애착과 책임감을 가지게 된다. 그 결과 조직의 목표를 성취하는 데 반드시 필요한 직원들의 업무 수행 능력 또한 현저히 증진될 수 있다.

2. 학습의 가속

직원들은 멘토링을 통해 더 빠르게 학습하며, 그 결과 더 빨리 향상된 생산성을 지니게 된다. 멘토는 적절한 행동의 모델이 될 수 있으며, 뚜렷한 피드백을 제공하고, 최상의 업무 처리 방법을 입증하고 전파할 수 있다.

3. 낮은 이직률

이미 많은 조직에서 신규직원들을 대상으로 한 조직적인 멘토링의 필요성을 절감하고 있다. 멘토링은 신규직원들이 그들의 업무와 조직 환경에 빠르고 쉽게 적응할 수 있도록 도와주며, 이직률 또한 낮춘다는 사실이 입증되고 있다.

4. 자부심 및 성공에 대한 기대감의 증진

멘토링은 자부심 및 성공에 대한 기대와 깊은 관련을 맺고 있다. 무엇보다도 멘토링은 사회적 관계를 맺어 주는 것으로, 개개인의 자부심을 증진시켜 주는 멘토링의 기능은 오래전부터 입증되어 왔다.

5. 조직의 변화 촉진

멘토링은 명령과 통제보다는 협력에 중점을 두고 있다. 멘토링은 또한 수백 년 동안 수많은 조직들을 지배해 온 남성 중심적 조직 문화에도 형평성을 가져왔다. 여성적 가치는 카오스, 개방성, 유동적 조직 등을 특징으로 하는 오늘날의 조직들에게는 대단히 흥미를 끄는 주제가 아닐 수 없다.

6. 수익성의 개선

한 조직의 생존 여부는 결국 수익성이 있는 사업을 전개하는가 그렇지 못한가에 달려 있다고 해도 과언이 아니다. 하지만 경영자나 임원들을 제외한 직원들이 이러한 수익성 문제에 대해 그다지 큰 관심을 기울이지 않는 것이 현실이다. 게다가 오늘날의 시장은 예전과는 판이하게 달라졌다. 소비자들의 수요는 끊임없이 변화하고 있고, 날마다 전에는 전혀 상상할 수도 없었던 기술과 서비스들이 이 시장에 등장한다. 한마디로 조직원 전체가 수익성 문제에 관심을 갖고 적극적으로 참여하지 않으면 누구도 조직의 생존을 보장할 수 없게 된 것이다.

또 한 가지 경영자들의 고민을 가중시키는 요소는, 조직 내부의 의사소통 방식이 예전과는 많이 달라졌다는 점이다. 권위에 기반을 둔 상명하달의 의사소통 방식은 더 이상 신세대 직원들의 마음을 사로잡지 못하며, 변화와 속도를 강조할 수밖에 없는 오늘날의 조직 환경에도 어울리지 않는다. 모두 수익성 문제에 관심을 기울여야 하는데, 정작 이를 달성할 직원들의 참여를 이끌어 낼 묘안이 없다는 점, 이것이 오늘날의 경영자들이 처한 현실인 것이다. 여기서 멘토링이 다시 등장한다. 멘토링은 실질적으로 수익을 개선시킬 수 있다.

제2장 멘토링의 생산성 효과

1. 공공조직의 비용 대비 효과성

대부분의 과정에서 멘토는 자신의 정규 업무 외에 멘제에 대한 지도를 수행하게 된다. 멘제 역시 자신의 개별 직무를 수행하면서 동시에 멘토링 프로세스에 참가하는 것이다. 물론 대부분의 조직은 멘제가 멘토와 만나 관련 프로젝트를 마칠 수 있도록 스케줄과 업무량을 배려해 준다. 좋은 프로세스에서는 멘제의 능력개발 활동이 그 사람의 특정 니즈에 맞춰진다. 따라서 멘제는 집단훈련에 비용을 지출하지 않고도 필요한 스킬을 업무와 연관되어 연습할 수 있다. 체계적 멘토링에서는 따로 강의실을 빌리거나, 외부 강사를 고용하거나, 너무 많은 업무 시간을 빼앗을 필요가 없다. 이렇게 멘토링은 투입되는 비용에 비해 효과성이 높다.

2. 채용 성과 향상

기업, 학교, 공공기관, 프로페셔널 그룹, 또는 자원봉사단체 등 어떤 조직이든 처음 며칠은 스트레스가 많을 수 있다. 멘제가 낯선 미로를 헤쳐 나가도록 안내해 주는 멘토가 있다면 이 스트레스는 줄어들 수 있고 신규 직원의 생산성에도 영향을 미칠 수 있다.

3. 조직 내 커뮤니케이션과 이해 증진

멘토링 관계는 조직 내 공식적이고 비공식적인 커뮤니케이션의 장점을 모두 살릴 수 있다. 멘토는 상담자, 조력자로서 직장생활 전반에 조언을 제시하고 당사자가 당면한 문제를 스스로 해결할 수 있도록 도움을 줄 수 있다.

지리상으로 떨어진 곳이나 자신과 다른 부서에서 일하는 멘토-멘제 관계를 가질 수 있다. 지역 간 떨어져 있는 관계에서 서로 다른 지역에서 일어나고 있는 일의 공식적인 정보뿐 아니라 비공식적인 정보를 통해서 보다 효과적인 커뮤니케이션을 할 수 있는 장점이 있다.

4. 지적 자본 유지와 동기 관리

멘토로 참여하는 고참 직원들은 멘제에게 자신의 스킬을 전수하기 위해 그동안 지켜 온 원칙이나 방법을 재점검해 보고 또 멘제로부터 참신한 아이디어를 얻으며, 조직 내에서 자신의 업무 스타일을 따라 하는 사람이 생기는 것에 자극을 받는다.

멘토링 프로그램은 '조직의 지적 자본을 보존'하는 데 효과적으로 활용할 수 있다. 상급자들이 주기적으로 업무 외적으로 만나서 업무에 관련한 문제를 토론함으로써 축적된 지식을 다른 사람들에게 전수할 수 있다.

5. 대민 서비스의 향상

멘토링을 통해 멘토와 멘제가 윈-윈 하는 상황이 될 수 있다. 즉 조직의 목표가 달성되고, 고객은 일대일로 도움을 받게 되며, 기관의 조사원은 고객을 위해 관리 및 감독 자원을 집중할 수 있고, 멘토는 다른 사람들의 인생에 개인적으로 관여하여 긍정적인 변화를 가져다주는 기회를 갖게 된다.

6. 전략적 후임자 육성

조직적인 후임자 육성 계획의 일환으로 멘토링 프로그램은 유용하다. 멘토링 프로그램을 통해 직원들이 한 단계 높은 수준의 일

을 감당하도록 하는 확실한 방법을 가짐으로써 전략 계획의 질을
더 높일 수 있다.

제3장 공공기관 효과적 운영제도

1. 정부기관 멘토링 활동 대상

1) 신규직원 정착률 향상 멘토링
- 신규직원과 선배직원을 1:1로 연결한다.
- 신규직원과 경력자 및 전문가를 1:1로 연결한다.

2) 업무능력 향상 멘토링
- 신규직원 및 새 보직직원과 기존 업무 우수 직원을 1:1로 연
  결한다.
- 전문가 양성 대상자와 전문가 및 기술사원을 1:1로 연결한다.

3) 상하 간 인간관계 활성화 멘토링
- 고충이나 애로사항이 있는 자와 상급직원을 1:1로 연결한다.
- 평직원과 상급직원을 1:1로 연결한다.

4) 마케팅 기술력 향상 멘토링(마케팅 조직이 있는 기관)
- 마케팅 부서 신규직원 및 새 보직원과 부서 고참직원을 1:1로
  연결한다.
- 평직원과 우수 계약실적 직원을 1:1로 연결한다.

5) 대민서비스 기술향상 멘토링

- 대민 담당직원과 민원 우수 직원을 1:1로 연결한다.
- 평직원과 고참 경력 직원을 1:1로 연결한다.

2. 정부기관 멘토링 TFTeam 구성

1) 멘토링 위원회

멘토링 운영을 전담하는 자로서 멘토링의 계획과 각종 자료를 관리한다.

2) 멘토링 TFTeam

멘토링 활동에서 예를 들면, 각 부서별, 각 센터별 멘토링 프로그램을 전문 관리하고 모니터링을 할 수 있는 요원으로서 조언해 주며 활동 보고 내용을 통하여 관리한다(매니저, 모니터로 호칭).

3) 멘토링쌍

멘토링 활동을 전제로 연결된 쌍으로 먼저 성격분석을 통하여 가장 잘 조화되는 쌍을 우선으로 연결하고 멘토링의 목적과 의도에 맞게 활동을 한다.

4) 멘토링 활동에서 주체가 되는 멘토, 멘제 한 쌍이다.

3. 정부기관 멘토링 성공 조건

공공기관이라는 조직의 특성상 먼저 기관장이 주도하여 전 직원에 멘토링 마인드를 조성해야 한다. TFT(Task Force Team)를 구성하여 1 – 2명 정도는 멘토링 전문요원으로 양성해서 멘토링 적용 방법부터 활동에 이르는 과정을 관리하고 모니터링을 해야 한다.

처음에는 전 분야에 적용하는 것보다는 특정부서나 특정업무(예: 신규직원 멘토링, 업무능력 향상 멘토링 등)를 선정하여 집중할 수 있도록 한다. 멘토링 활동에는 사전에 전량(경제) 개념의 목표율을 정하여 책임 있게 추진한다.

4. 정부기관 멘토링 생산성 기대효과

1) 단기간에 최소의 비용으로 높은 효과를 나타낸다. 또한 조직 이 견고해지며, 창의성과 자율성이 강해진다.

2) 상하 간 인간관계 활성화와 부서 간 인적 Networking이 촉진 되어 조직 전체가 최상의 성과를 내는 유연한 조직으로 발전 시킬 수 있다.

3) 인간관계활성화 촉진 – 멘토링 시스템을 통해 상급자, 동료, 부하 직원, 그리고 가정 식구와도 인간관계 활성화 촉진이 이루어진다.

4) 업무능률 효율성 제고 – 상급직원을 멘토로 하고 하급직원을 1:1로 연결해 줌으로써 직접 업무적으로 도울 수 있어 업무 숙달이 이뤄졌다.

5) 인재 개발 리더십 개발 – 멘토링 활동을 통하여 멘제는 멘토 링을 통해 멘토의 지식을 학습하고 직접 현장에서 실습할 기 회로 멘제 등 부하직원 인재개발 리더십이 개발된다.

6) 멘토링 자체가 지식경영이며(지식의 창조, 저장, 활용, 공유가

멘토링 활동 자체임) 지식경영의 가장 핵심인 암묵지의 형식 지화와 공유가 아주 자연스럽게 일어난다. 멘토링은 좁게는 일종의 암묵지 공유라고도 볼 수 있다.

■ 학습정리

1. 공공 조직문화에 유익한 멘토링의 효과를 실질적으로 이해할 수 있다.
2. 공공 조직에서 투입된 산출효과를 6가지 차원에서 확인할 수 있다.
3. 공공 기관 멘토링에 관한 효과적인 운영 제도를 체계 있게 이해할 수 있다.

■ 학습평가

문1: 조직 문화 멘토링 효과 내용 중 옳지 않는 것은?
① 업무 수행 능력의 증진이 이루어진다.
② 통제와 관리를 통하여 높은 효과를 얻는다.
③ 학습의 가속도가 붙는다.
④ 조직의 변화가 촉진된다.

(답 ①) 멘토링은 명령과 통제보다는 협력에 중점을 두고 있다.

문2: 멘토링의 생산성 효과 설명 중 옳지 않는 것은?

① 투자비용에 대비 효과성이 높다.

② 조직 내 커뮤니케이션과 이해 증진한다.

③ 대민 서비스의 향상에 효과가 있다.

④ 후임자 육성보다는 전체 인재 개발에서 효과가 있다.

(답 ②) 전체 인재 개발보다는 후임자, 핵심인재 등 전략적 인재
　　　 육성 계획의 일환으로 멘토링 프로그램은 유용하다.

문3: 공공기관 멘토링 효과적인 운영방법 중 옳지 않는 것은?

① 업무능력 향상에 적용할 수 있다.

② 신규직원 정착률 향상성 적용에는 1:소그룹이 좋은 방법이다.

③ 상하급 간 관계 향상에 적용할 수 있다.

④ 대민 서비스 기술 향상에 적용할 수 있다.

(답 ③) 멘토링은 항시 1:1원칙으로 신규직원과 선배직원, 경력
　　　 자 및 전문가를 1:1로 연결한다.

멘토링 활동 평가실무

■ 도입사례

NO 15 사례 해외 - 세계은행(World Bank)

멘토링 활동이 시작된 이후에도 회사 차원에서의 지속적인 관리가 필요하다. 무작정 모든 책임을 멘토나 멘제에게 일임해서는 곤란하며, 최종적인 멘토링 성과에 대한 평가뿐만 아니라 활동 과정 중에 문제가 발생할 경우 회사가 과감히 개입할 필요가 있다. 이 은행은 멘토링 활동이 시작된 지 3개월이 지나면 설문조사를 통해 멘토와 멘제가 제대로 연결되었는지에 대한 중간평가를 시행한다. 또한 이 은행에서는 멘토링 활동이 각각 6개월이 지난 시점과

10~11개월이 지난 시점에서 2회에 걸쳐 멘토링 진행상황에 대한 평가와 피드백을 제공한다. 이러한 중간평가 과정을 통해 이 은행은 멘토링의 성공적인 운영을 촉진하고 있다. 또한 일정 시점을 주기로 멘토와 멘제를 대상으로 각각 4단계에 걸친 설문조사를 실시하고 있다. 이때 주요 평가내용으로는 만나는 횟수, 멘토의 역할 수행 정도, 역량 개발 정도, 멘토링 제도에 대한 만족도나 향후 개선되어야 할 보완점 등이 있다. 또한 멘토링이 종료되는 시점에는 외부 컨설팅 회사에 의뢰하여 멘토링 효과에 대한 보다 심층적인 평가를 실시하여 향후 멘토링 프로그램의 개선활동에 반영하고 있다.

■ 생각해 봅시다.

예) 본 사례를 통해 여러 분은 어떤 점을 느끼셨습니까?

멘토링에서 왜 평가가 중요한가와 세계은행의 평가방법과 평가내용은 무엇일까요?

*학습자 의견:

— —

— —

— —

*전문가 의견:

멘토링에서 평가의 중요성은 먼저 투자(인력, 시간, 자금 등)에 관한 성과 측정과 멘토링에 참여하는 멘토/멘제의 책임감과 목표의식을 고취하는 차원이다.

세계은행의 평가 방법은 중간과 결과 2회에 걸쳐 평가하고 내용은 5가지 부문에서 1) 만나는 횟수, 2) 멘토의 역할 수행 정도, 3) 역량 개발 정도, 4) 멘토링 제도에 대한 만족도나, 5) 향후 개선되어야 할 보완점 등이 있다.

이 점을 참작하여 다음 페이지에서 멘토링 활동 평가 실무 방법을 소개한다.

멘토링 시스템의 운영은 준비과정, 도입과정, 활동과정, 평가과정으로 사전에 준비과정에서 평가방법을 설계하여 활동 전에 멘토링 참여자에게 숙지해야 한다.

■ 학습개요

멘토링에서 평가의 중요성은 인성중심 자율 활동이라는 것에 유의해야 한다. 잘못 인간적인 면만 챙기다 보면 사람투자, 시간투자, 자금투자는 이루어졌는데 성과 없이 끝나는 예를 가끔 볼 수 있다. 자율 활동일수록 사전에 평가 프로그램을 공개하여 멘토링 참여자에게 책임의식과 목표관리를 챙길 수 있도록 해야 한다.

■ 학습목표

1. 멘토링 활동 과정에서 평가 시스템을 체계적으로 이해할 수
   있다.
2. 멘토링 활동평가 실무에서 평가 범위와 방향을 설명할 수 있다.
3. 멘토링 활동 평가기부에서 정량과 정성 평가를 이해할 수 있다.

■ 학습내용

제1장 멘토링 평가 의미
제2장 멘토링 평가 실무
제3장 멘토링 평가 기준

■ 학습 전 힌트

멘토 김 팀장 – 잘못된 접근

멘토링을 도입하는 시점에서 김 팀장은 멘제인 최 과장에게 정
규업무도 바쁘고 또한 업무 자체가 과중하므로 멘토링 활동만큼은

가볍고 부드럽게 주어진 기간에 부담 없이 잘 지내보자고 의견을
내비쳤다.

멘제 최 과장 - 궁금증

멘제인 최 과장은 이 말을 듣고 한편으로 고맙게도 생각했다.
그러나 멘토링 팀 전체가 조직에서 원하는 방향에 어긋나게 멘토
링 활동이 진행된다면 마감 후 최종 평가 시 어떤 결과가 나올까
걱정이 되어 깊이 생각에 잠겼다.

왜 최 과장은 김 팀장의 멘토링에 대해 그런 식으로 생각했을까?

멘제인 최 과장은 멘토링 활동을 조직에서 인재개발 혁신 차원
에서 도입하는 줄 알고 있는데, 자기 생각으로는 틀림없이 조직에
서 요구하는 평가 방법을 제시할 텐데 김 팀장의 의견을 이해할
수가 없었다.

멘토 김 팀장 - 올바른 접근

김 팀장은 어떻게 멘토링하는 것이 좋을까? 지금부터 같이 알아
보자.

멘토링 활동은 먼저 3가지 투자가 이뤄진다. 사람투자, 시간투
자, 자금투자다. 조직의 투자 회수는 기본이며 멘토링의 평가는 투
자에 관한 생산성 여부를 점검하는 차원에서 당연히 해야 한다.

그리고 멘토링 활동에 참여하는 인력(멘토링 위원장 추진 팀, 모

니터, 멘토/멘제 등)에 대한 책임감과 목표의식을 넣어 주는 차원
에서 평가가 있다.

김 팀장은 중간평가와 최종평가, 그리고 정량평가와 정성평가도
아울러 체계적으로 준비해야 멘토링 평가에서 우수한 등급을 받을
수 있다는 것을 알아야 한다.

■ 학습하기

제1장 멘토링 평가의 의미

멘토링을 일정기간 프로젝트 개념으로 도입한다고 볼 때 가장
중요한 것이 활동 평가 방법이다. 교육 차원에서 멘토링을 다룰
때는 간단한 교육 커리큘럼으로 충분할 수 있지만 일정기간 6개월
이나 12개월 등 기간이 주어질 때 그 기간에 상응하는 평가제도가
제대로 갖춰 있지 않으면 성공률을 높일 수 없다. 그러므로 평가
부분은 처음부터 성과 지표를 제대로 설정하고 중간평가 최종평가
등에서 제대로 시행하는 것이 필수적이다.

1. 평가의미

멘토링 활동은 먼저 3가지 투자가 이뤄진다. 사람투자, 시간투
자, 자금투자다. 조직의 투자 회수는 기본이다. 멘토링의 평가는

투자에 관한 생산성 여부를 점검하는 차원에서 당연히 해야 한다.

또 한편에서는 멘토링 활동에 참여하는 인력(멘토링 위원장, 추진 팀, 모니터, 멘토/멘제 등)에 대한 책임감과 목표의식을 넣어 주는 차원에서 평가가 있다.

2. 평가목적

멘토링 평가의 목적은 멘토/멘제의 동기부여 차원에서 이뤄진다. 구체적으로 평가결과에 따라 포상하고 칭찬하기 위한 자료를 얻는 것이다. 일반 정규업무 평가는 포상과 벌이 주어지는데 멘토링에서의 평가는 포상만을 주는 것이 목적이다.

3. 평가 주기

분기별 중간평가 – 멘토링 활동 중 즉 분기별로 평가한다.
결과 및 최종평가 – 멘토링 활동 종료 시에 평가한다.

4. 평가대상

개인 평가 – 멘토와 멘제의 개인 역량을 평가한다.
그룹 평가 – 멘토링 쌍 전체를 평가한다.

5. 평가방법

정량평가 – 평가의 결과를 숫자로 표시하는데 생산성 측정 평가라고 한다.

정성평가 - 교육만족도 애사심 측정 멘토링 활동 만족도 등으로 심적인 평가다.

제2장 멘토링 평가 실무

1. 평가의 범위

의사 결정자들은 대부분 새로운 프로그램의 가치, 효과성, 비용, 비용 대비 효용 등에 관심을 갖는다. 이것들을 평가하는 방법은 경영 활동 모든 분야에서 필요하고 확립되어야 한다. 이제 평가에 대한 연구 결과를 엄격하게 훈련 및 개발 과정에 적용할 때가 되었다.

1) 비용

비용은 특정 프로세스를 통해 소기의 목적을 달성하는 데 필요한 금전으로 환산한 자원을 말한다. 한 가지 프로세스에 투입한 자원은 다른 프로세스에는 투입할 수 없다. 즉 한 가지 프로세스에 자원을 투입한다는 것은 한 가지 행동 노선을 선택하고 다른 것들은 포기한다는 것을 의미한다.

비용은 공통 단위, 즉 화폐를 사용하며 특정 산출물(output)을 생산하는 다양한 투입 요소를 측정한다. 특정 프로그램의 비용을 파악함으로써 일반적인 측정 단위를 이용한 프로그램의 달성에 필요한 모든 자원을 파악하고, 모든 자원의 직접 비용을 파악하는 일은 절대 쉽지 않다. 멘토링 프로세스의 강점은 조직의 긍정적인 이미지 창출에 기여한다는 사실만 파악하는 정도에 그칠 수도 있다.

2) 효과성

멘토링 훈련 프로그램의 효과성은 이 프로그램의 참가자들이 훈련받은 내용을 실제 업무와 연계하는 정도를 말한다. 효과성은 훈련 프로그램이 소비한 자원의 산출물이다. 훈련의 목적은 업무 능력을 향상시키고 때로는 무경험자를 전문가로 만드는 것이기 때문에 효과성 평가에는 멘토링을 포함한 특정 훈련이 업무 능력 향상에 기여한 정도가 측정되어야 한다. 일반적으로 효과성은 새로운 훈련법이 업무 능력 향상에 기여하는 정도를 이전의 훈련법과 비교함으로써 측정한다.

효과성 데이터 수집과 관련해 일반적으로 발행하는 문제는, 관련 효과성을 측정하는 방법(하나 이상의 방법이 필요한 경우도 있다.)과 측정된 학습자의 업무 능력이 근무 장소나 작업 환경에서도 동일하게 발휘되는지를 증명하는 것이다. 통계적, 분석적 기준을 충족시키는 트레이닝 성과 데이터를 수집하는 일은 까다로운 작업이다.

3) 비용 대비 효과성

비용과 효과성은 특정 프로그램의 투입과 산출을 각각 별도로 측정한 것이다. 각기 다른 훈련방법의 비용과 효과성을 비교함으로써 의사결정자가 다양한 대안 중에서 합리적 선택을 하도록 정보를 제공해야 한다. 예를 들어 두 가지 훈련 프로그램이 동일한 성과를 낼 경우 비용 면에서 저렴한 프로그램을 선택하게 될 것이다. 반대로 두 프로그램이 거의 동일하다면 성과를 더 많이 내는 프로그램을 선택하게 될 것이다. 비용 대비 효과성 측정법에서는 투입과 산출 중 어느 하나를 고정시켜 계산한다. 투입을 일정하게 할 경우 비용이 거의 비슷한 두 가지 훈련법을 비교해 성과를 더 많이 내는 훈련법을 선택하면 된다. 훈련 프로그램의 비용 대비 효과성 평가에 포함되지 않거나 포함될 수 없는 외부 요인들이 최종 결정에 중대한 영향을 미칠 수 있다. 이 외부 요인들로는 자금 부족, 경제 상황 변화, 소유권 변화, 신임 최고 경영자의 취임 등을 들 수 있다. 하지만 비용 대비 효과성 측면에서는 바람직하나 비합리적인 외부 요인도 있는데, 예컨대 멘토링의 노골적인 거부, 시뮬레이션의 거절 등이 그것이다. 어찌됐든 비용 대비 효과성 평가는 의사 결정자에게는 하나의 지침이 될 수 있다.

4) 비용 대비 효용 분석

비용 대비 효과 분석과 비용 대비 효용 분석은 별개의 것이다. 비용 대비 효용 분석은 투입과 산출 가치를 모두 화폐적 측면에서 측정하는 것이다. 이 분석 방법은 자원을 특정 목적에 사용해 발생하는 산출 즉, 효용의 가치를 평가할 수 있는 공개 시장이 존재할 때 사용한다. 한 예로 특정 형태의 광고에 대한 비용 대비 효용 분석을 살펴보자. 비용은 특정 광고 프로그램을 개발하고 실행하는 데 필요한 것이다. 한편 효용은 광고 프로그램을 통해 창출된 이익을 말한다. 비용 대비 효과성 분석은 투입과 산출의 화폐적 가치 평가에 제약을 두지 않는다. 그러나 사용 가능한 데이터가 존재하는 경우에는 비용 대비 효용 분석 방법을 활용하는 것이 훨씬 바람직한데, 이는 투입과 산출을 동일한 단위의 기준으로 비교할 수 있기 때문이다.

5) 조직에 대한 기여도

멘토링 제도 도입의 가치는 조직의 성공에 대한 기여도로 평가된다. 이때 평가에 앞서 애초에 그러한 제도 도입이 일어난 원인을 설명할 수 있어야 한다. 그 목표가 신규직원 정착이었는가, 업무능력 향상이었는가, 상하 간 관계 촉진이었는가, 대민 서비스 향상이었는가? 물론 그 목표는 복합적인 경우가 많다. 실제로, 동기부여, 태도, 스킬 개발과 같은 요소는 업무능력 향상과 직원들의 이직률 감소에 영향을 미친다.

체계적 멘토링 프로세스는 대체로 비용보다 큰 부가가치를 만들어 내는데, 능력 개발 비용이 거의 들지 않고, 업무 시간 손실도 거의 없기 때문이다.

2. 평가방향

평가 과정에서 분석의 수준(조직에 대한 영향인가, 개인적 업무능력에 대한 영향인가)이나 측정 유형(제품, 최종 상태, 채택 절차에 의한 프로세스의 일관성)에 상관없이 반드시 고려해야 할 사항이 몇 가지 있다.

조직에 대한 가치는 비용 대비 효과성이나 비용 대비 효용성의 평가에 필수적인 정보다. 특정 프로세스가 부가가치를 창출하는지를 파악하는 측정법은 반드시 다음의 기준을 만족해야 한다.

- 타당성 – 선택된 측정법이 소기의 목적(이직률, 동기 부여, 스킬 향상 등)을 달성하고 있는지를 정확하게 측정하는가?

- 신뢰성 – 사용된 측정법이 유사한 환경에서도 동일한 결과를 내는가?(서로 다른 평가자를 비교해 보자.)
- 일반화성 – 측정법의 결과들이 얼마나 유사한가?

가능하다면 보다 정확한 판단을 위해 하나 이상의 접근법을 사용하는 것이 좋다. 결국 핵심은 어떤 정보를 어떤 형식으로 제고해야 의사 결정자들의 합리적인 선택에 도움을 줄 수 있는가이다.

멘토링 프로세스는 상호 작용적이며 비선형이다. 이는 멘토와 멘제가 상호 교류하면서, 이들은 다시 조직의 다른 구성원들에게 영향을 미치고 또 영향을 받는다. 이러한 상호 작용과 영향은 복잡한 방식으로 나타난다. 따라서 한 가지 평가법으로 단일 요인을 분리해 내거나 단순히 여러 요인을 합산하기는 어렵다.

제3장 멘토링 평가의 기준

어떤 경영 기법일지라도 조직의 양적·질적 생산 효과성과 연결하지 못한다면 채택 및 유지될 수 없는 것이다.

조직의 효과성을 위하여 만든 프로그램이 바로 정량과 정성 평가 목표율이며 이 기법을 적용하면 멘토링 추진 팀이나 멘토 등 관련된 모두가 강한 책임의식을 갖게 된다.

그러므로 멘토링 활동이 끝난 후에는 반드시 목표율에 의한 실적평가가 나타나므로 각 조직의 CEO는 한눈에 업무 생산성 효과를 점검할 수 있는 것이다.

1. 평가 기준표

정성평가 – 비경제성 평가 Humanity – 인간성	정량평가 – 경제성 평가 Productivity – 생산성	
* 멘토링 4가지 만족도 평가 1. 멘토링 교육 만족도 2. 멘토링 관계 만족도 3. 멘토링 활동 만족도 4. 조직 만족도 * 개인 – PDI 상승률 평가 * 조직 – HRI 상승률 평가 * 멘토 – 자생력 상승률 평가 * 멘제 – 업무 조기 숙달률 평가	1. 유지율	최종쌍수/당초쌍수 × 100
	2. 정착률	정착신입원/당초신입원
	3. 확보율	확보인재수/목표인재수
	4. 성과율	최종성과율/당초성과율
	5. 숙달률	최종숙달률/당초숙달률
	6. 회수율 (ROI)	총회수액/총투자액

2. 평가에 참고사항

```
1) 유지율 – 모든 분야 멘토/멘제 각 쌍이 종료까지 유지율 평가에 적용한다.
2) 정착률 – 신입사원이 종료 후 정착률 평가에 적용한다.
3) 확보율 – 핵심인재, 경력자확보율 평가에 적용한다.
4) 성과율 – 노사화합, 경영 지원 등 평가에 적용한다.
5) 숙달률 – OJT업무숙달, 지식경영, 품질향상, R&D 향상률 평가에 적용한다.
6) 투자회수율 – 투자 대 회수율 평가에 적용한다.
* 신규직원 월별 인건비와 이직 감소인원 감안 회수액
* 업무나 경력조기 숙달 시에 단축기간과 월 인건비 환산 감안 회수액
```

▣ 학습정리

1. 평가 의미에서 6~12개월과 중간평가와 최종평가 방법을 이해
   할 수 있다.

2. 평가 실무에서 비용 대비 효용 분석 방법을 확인할 수 있다.

3. 평가 기준에서 4가지 정성평가와 6가지 정량평가 기준을 이

해할 수 있다.

■ 학습평가

문1: 멘토링 활동 평가 의미 중 옳지 않는 것은?

① 처음부터 성과 지표를 제대로 설정한다.

② 평가목적은 참여자들의 상벌을 주기 위함이다.

③ 멘토/멘제의 책임감과 목표의식을 넣어 **주는** 차원에서 평가가 있다.

④ 평가 방법에는 정량평가(경제성)와 정성평가(비경제성)로 구분한다.

(답 ①) 정규업무 평가는 포상과 벌이 주어지는데 멘토링에서의 평가는 포상만을 주는 것이 목적이다(정규업무와 멘토링 업무를 겸무하기 때문임).

문2: 멘토링 활동 평가 실무 중 옳지 않는 것은?

① 평가의 범위는 비용 효과성 기여도이다.

② 평가범위는 비용 대비 효용 분석이다.

③ 평가방향 기준은 신뢰성, 타당성, 일반화성이다.

④ 평가는 단순화 방법을 채택한다.

(답 ②) 멘토링은 상호 작용과 영향으로 여러 요인을 합산해야 하므로 한 가지 단순 평가 방법으로는 적당하지 않다.

문3: 멘토링 평가 기준 설명 중 옳지 않는 것은?

① 조직의 CEO에게 평가 결과를 한눈에 볼 수 있도록 한다.

② 평가 유지율은 신규지원 정착에 사용하는 기준이다.

③ 멘토링 정성평가(만족도)는 4가지 방법이 있다.

④ 멘토링 정량평가는 6가지 방법이 있다.

(답 ③) 신규직원에만 적용하는 기준은 정착률이며 유지율은 모든 분야 멘토/멘제 각 쌍이 종료까지 유지율 평가 기준에 적용한다.

공무원에 맞는
엔토링 리더십

초판인쇄 | 2009년 3월 25일
초판발행 | 2009년 3월 25일

지은이 | 류재석
펴낸이 | 채종준
펴낸곳 | 한국학술정보㈜
주 소 | 경기도 파주시 교하읍 문발리 513-5 파주출판문화정보산업단지
전 화 | 031) 908-3181(대표)
팩 스 | 031) 908-3189
홈페이지 | http://www.kstudy.com
E-mail | 출판사업부 publish@kstudy.com

등 록 | 23,000원
가 격 |

ISBN   978-89-534-1411-2 13320 (Paper Book)
         978-89-534-1412-9 18320 (e-Book)

이담
Books 는 한국학술정보(주)의 지식실용서 브랜드입니다.